BIBLIOTHÈQUE

DE LA

VILLE DE LILLE.

CATALOGUE

DES

OUVRAGES LÉGUÉS

Par M. J.-B.-H.-J. DESMAZIÈRES

A LA VILLE.

LILLE

IMPRIMERIE LEFEBVRE-DUCROCQ, RUE ESQUERMOISE, 57.

1867.

Q

CATALOGUE

DES

OUVRAGES LÉGUÉS PAR M. DESMAZIÈRES

A LA VILLE.

qob

BIBLIOTHÈQUE

DE LA

VILLE DE LILLE.

CATALOGUE

DES

OUVRAGES LÉGUÉS

Par M. J.-B.-H.-J. DESMAZIÈRES

A LA VILLE.

LILLE

IMPRIMERIE LEFEBVRE-DUCROCQ, RUE ESQUERMOISE, 57.

—

1867.

En légant sa bibliothèque à la ville de Lille, M. Desmazières a imposé deux obligations.

Il a voulu qu'elle restât telle qu'il l'avait réunie, et qu'on lui assignât dans le dépôt communal une place particulière ; il a exigé en outre qu'on en fît un catalogue spécial et bien distinct des autres catalogues de la Bibliothèque publique.

La première de ces conditions a été remplie par le légataire le jour où l'exécuteur testamentaire a remis le legs ; et c'est pour remplir la seconde que, par ordre de l'Administration municipale, nous publions ce volume.

Presque tous les ouvrages de la bibliothèque de M. Desmazières traitent des plantes cryptogames, et il n'y a peut-être ni en France, ni ailleurs, une collection mieux choisie et plus complète de livres sur cette matière. Il résulte de là que leur classement méthodique et rationnel n'était pas une œuvre facile pour qui, comme nous, ne s'est pas ıvré à l'étude particulière des cryptogames. En effet, Brunet, de Bure et les principaux bibliographes sont d'une entière insuffisance ; ils ne tracent pas d'une manière assez nette des divisions s'étendant à toutes les branches et ramifications de cette partie de la botanique, et ne peuvent nullement servir de guides.

Dans notre embarras, nous nous sommes adressé à M. Victor Godefrin, membre de la Commission de la Bibliothèque, certain de trouver en lui la direction qui nous manquait. Il nous a aidé de ses connaissances spéciales avec une complaisance parfaite, et c'est pour nous un devoir de lui offrir ici le témoignage public de notre reconnaissance.

CH. PAEILE,
Bibliothécaire et Archiviste.

Lille, le 25 novembre 1867.

TABLE

des

DIVISIONS ET SUBDIVISIONS.

———

CATALOGUE

DE LA

BIBLIOTHÈQUE

DE LA

VILLE DE LILLE

CATALOGUE

DES OUVRAGES LÉGUÉS PAR M. DESMAZIÈRES

A LA VILLE.

I. Philosophie des Sciences. — Sciences physiques et mathématiques. — Microscopie et Micrographie. — Ouvrages divers sur les Sciences médicales et sur la Géologie.

1 Des sciences dans l'éducation; discours prononcé à la distribution des prix de l'école de Pont-Levoy, le 8 août 1839, par M. NOUEL, prof. de physique. *Blois*, Dézairs, 1839. — in-8º de 24 p.

2 Élémens de chimie docimastique, à l'usage des orfèvres, essayeurs et affineurs ; ou théorie chimique de toutes

1

les opérations usitées dans l'orfévrerie, l'art des essais, et l'affinage, pour constater le titre de l'or et de l'argent, et purifier ces deux métaux de l'alliage des autres substances métalliques. Par M. DE RIBAU-COURT, maître en pharmacie. *Paris,* Buisson, 1786. — 1 vol. in-8°.

3 Idées sur la météorologie, par *J.-A.* DE LUC, lecteur de la reine de la Grande-Bretagne. *Paris*, Duchesne, 1787. — 2 vol. in-8°.

4 Essai sur le phlogistique et sur la constitution des acides, traduit de l'anglois de M. KIRWAN; avec des notes de MM. DE MORVEAU, LAVOISIER, DE LA PLACE, MONGE, BERTHOLLET et DE FOURCROY. *Paris,* 1788. — 1 vol. in-8°.

5 Thèses de chimie et de physique présentées à la Faculté des sciences de Paris, le 29 novembre 1851, par *A.* LAMY, professeur de physique au Lycée de Lille. *Lille*, Danel, 1851. — in-8° de 43 p.

6 Recherches chimiques et microscopiques sur les Con-ferves, Bisses, Tremelles, etc., avec 36 planches enluminées. Par GIROD-CHANTRANS, ancien officier du Génie. *Paris*, Bernard, 1802. — 1 vol. in-4°.

7 Mémoire sur la construction et l'usage du microscope, par *D.* VILLARS, prof. à l'école de médecine de Strasbourg. *Strasbourg*, Levrault, 1806. — in-8° de 52 p. et 1 pl.

8 Le cultivateur de la vue, suivi du catalogue général et prix-courant des instruments d'optique, de mathéma-

tiques et de physique, de la fabrique et du magasin de l'auteur, dédié à S. M. le roi de Westphalie. Par *J.-G.-A.* CHEVALIER, ingénieur-opticien de Sa Majesté *Paris*, 1810. — 1 vol. in-8º.

9 Guide pour les recherches et observations microscopiques contenant la description du microscope, la préparation des infusions végétales et des solutions salines, la manière d'obtenir et de préparer les animalcules et les objets divers, etc. Par M. *Julia* DE FONTENELLES. *Paris*. Rouvier, 1836.—In-8º. Figures.

10 300 animalcules infusoires dessinés à l'aide du microscope, par M. PRITCHARD, de Londres. 6 planches gravées sur acier, accompagnées d'un texte extrait de l'ouvrage du même auteur, et publié par *Charles* CHEVALIER, *Paris*, Chevalier, 1838. — 1 vol. in-8º.

11 Études sur les fécules les plus usitées et moyen de reconnaître leurs différentes altérations à l'aide du microscope, par le docteur SAUGERRES. *Lille*, Lefort, 1858. — in-8º de 22 p. et 2 pl.

12 Universitatis litterariæ Lipsiensis H. T. procancellarius *Christianvs Fridericvs* LVDWIGIVS therap. et mat. med, P. P. O. acad. decemvir etc. Panegyrin medicam. Anno D. XXII. ivn. cIɔIɔcccxix concelebrandam indicit. — in-8º de 15 p.

13 Note sur quelques points de la structure du cristallin et de sa capsule à l'état normal et à l'état pathologique, par *A*. TESTELIN, — in-8º de 70 p.

Extr. des *Ann. d'Oculistique.*

14 Annales générales des sciences physiques ; par MM.
    BORY DE SAINT-VINCENT, correspondant de la 1re classe
    de l'Institut de France ; DRAPIEZ, prof. de chimie et
    d'histoire naturelle ; et VAN MONS, de l'institut royal
    des Pays-Bas. *Bruxelles*, Weissenbruch, 1819. —
    1 vol. in-8°.

15 Diatomaceis Fenniæ fossilibus additamentum, scripsit
    William NYLANDER. *Helsingfors*, 1861. — in-8°.

16 On the Amber Beds of East Prussia. By *Dr. K.* THOMAS.
    Communicated by the Rev. *M. J.* BERKELEY. — in-8°
    de 15 p. et 2 pl.

From the *Annals and magazine of natural hysłory*, 1848.

II. Comptes-rendus, Bulletins, Rapports, Annales, Mémoires des Sociétés savantes. — Notices biographiques. — Notices critiques. — Catalogues de bibliothèques, etc.

17 Séances publiques de la Société d'amateurs des sciences
    et arts de la ville de Lille. Cahier I. — V. 1806-1819.
    1 vol. in-8°.

18 Séance publique de la Société d'amateurs des sciences et
    arts de la ville de Lille. 14 sept. 1808.

19 Mémoires de la Société impériale des sciences, de l'a-
    griculture et des arts de Lille, de 1811 à 1861. *Lille*,
    1811-61. — 36 vol. in-8°.

Il y a dans cette collection plusieurs lacunes et un grand nombre de doubles.

20 Archives de l'agriculture du Nord de la France, publiées par le Comice agricole de Lille. Années 1854 à 1862. *Lille*, 1854-1862.

L'année 1860 est seule complète.

21 Annales de la Société d'horticulture du département du Nord. *Lille*, 1828-1846.

Aucune année n'est complète.

22 Annales de la Société d'horticulture du département du Nord. 2e année. 1830. 3e trimestre. *Lille*, Blocquel. — 1 vol. in-8°.

23 Mémoires de la Société Linnéenne de Paris, précédés de son histoire, depuis 1788, époque de sa fondation, jusque, et compris l'année 1822. *Paris*, Audot, 1822. — T. I. in-8°.

24 Fascicule de quatorze planches faisant partie du 1er volume des Mémoires de la Société Linnéenne de Paris. *Paris*, Audot, 1822. — 1 vol. in-4°.

25 Relation de la première fête champêtre, célébrée par la Société Linnéenne de Paris, le 24 mai 1822, jour anniversaire de la naissance de Linnée; par *Arsène* THIÉBAUT DE BERNEAUD, secrétaire-perpétuel. *Paris*, d'Hautel, 1822. — 1 vol. in-8°.

26 Compte rendu des travaux de la Société Linnéenne pendant les années 1823 et 1824 ; par M. *Arsène* THIÉBAUT DE BERNEAUD, secrétaire-perpétuel de la société. *Paris*, 1825.

27 Compte-rendu des travaux de la Société Linnéenne de Paris, pendant l'année 1825 ; par *le même. Paris*, 1826. — 1 vol. in-8°.

28 Annales de la Société d'horticulture de Paris, et journal spécial de l'état et des progrès du jardinage. T. I. 1re livraison ; septembre, 1827. *Paris*, Huzard, 1827. — in-8°.

29 Bulletin de la Société de botanique de France, fondée le 23 avril 1854. *Paris*, au bureau de la société. — 8 vol. in-8° et 2 livraisons du 9e.

30 Rapport fait au conseil d'administration de la Société d'encouragement pour l'industrie nationale, au nom du Comité des arts mécaniques, sur les toiles métalliques fabriquées par M. Gaillard, rue Saint-Denis, à Paris. — in-8° de 7 p.

31 Mémoires de la Société nationale d'agriculture, sciences et arts, séant à Douai, centrale du département du Nord. Années 1826, 1827-1828, 1829-1830, 1831-1832, 1833-1834, 1835-1836, 1837-1838, 1843-1844, 1848-1849. *Douai*, Adam, d'Aubers. — 10 vol. in-8°.

32 Mémoires de la Société royale d'Arras pour l'encouragement des sciences, des lettres et des arts. Années 1823 et 1828. *Arras*, Topino, 1824 à 1829. — 2 vol. in-8°.

33 Procès-verbal de la séance publique de la Société d'agriculture, du commerce et des arts de Boulogne-sur-

Mer , années 1833 et 1834. *Boulogne-sur-Mer* , 1833
à 1835. — 2 vol. in-8°.

L'année 1833 est double.

34 Analyse des travaux de la Société royale d'émulation
d'Abbeville, pendant l'année 1828. *Abbeville*, Devé-
rité, 1829. — in-8° de 46 pages.

35 Statuts de la Société royale d'émulation d'Abbeville,
1830. — 1 vol. in-8° de 16 pages.

36 Mémoires de la Société royale d'émulation d'Abbeville,
années 1833 à 1840. *Abbeville*, Paillart , 1833 et sui-
vantes. — 4 vol. in-8°.

37 Société Linnéenne du Nord de la France. Compte-rendu
de la 1re session , tenue à Abbeville, en juin 1838.
Abbeville, Paillart. — in-8°.

38 Société royale d'émulation d'Abbeville. Partie adminis-
trative. Liste des membres admis depuis la session
de 1839, — in-8°.

39 Bulletin de la Société Linnéenne du Nord de la France.
Vol. Ier ; n° 1er. Juin 1840. *Abbeville* , Paillart. —
in-8°.

40 Mémoires de la Société Linnéenne de la Normandie,
publiés par M. DE CAUMONT. Années 1826 , 1827 et
1828. *Paris*, Lance, 1827-28. — 2 vol. in-8° et 2
atlas in-4° oblong.

41 Précis analytique des travaux de l'Académie royale des
sciences , belles-lettres et arts de Rouen. Années

1827 , 1828, 1829 , 1831 , 1832, 1834 , 1835, 1836. *Rouen* , Nicétas Periaux , 1827-1837. — 8 vol. in-8°.

Il y a quatre doubles.

42 Séance publique de la Société libre d'émulation de Rouen, tenue le 9 juin 1824, le 9 juin 1826 et le 9 juin 1828. *Rouen,* Baudry, 1824-1828. — 3 vol. in-8°.

43 Société archéologique de l'arrondissement de Dieppe. Réunion annuelle de MM. les souscripteurs pour la recherche et la découverte des antiquités. Séance du 27 décembre 1827. *Rouen,* Baudry, 1828. — in-8° de 31 pages , avec le plan de l'oppidum Gallo-Belge , vulgairement connu sous les noms de Cité de Limes et de Camp de César.

44 Mémoires de la Société Académique des sciences, des arts et belles-lettres de Fala.se. Années 1835 et 1838. *Falaise,* Brée, 1835, 1838. — 2 vol. in-8°.

45 Bulletin de la Société d'horticulture du département du Cher. Tome 3e. *Bourges,* Souchois , 1831. — 1 vol. in-8°.

46 Rapport adressé à MM. les membres de la Société d'émulation , sur les objets concernant l'histoire naturelle, déposés au musée Vosgien pendant les années 1858 et 1859, par le Lr *Ant.* MOUGEOT. — in-8° de 33 p.

47 Réglement de la Société d'Agriculture et de botanique de Gand, département de l'Escaut. *Gand,* de Goesin, 1810. — 1 vol. in-8°,

48 Société royale d'Agriculture et d'horticulture de Tournai. Réglement. *Tournai*, Casterman, 1860. — in-8°.

49 Revue générale des écrits de Linnée ; ouvrage dans lequel on trouve les anecdotes les plus intéressantes de sa vie privée, un abrégé de ses systèmes et de ses ouvrages, un extrait de ses aménités académiques , etc., etc.; par *Richard* PULTENEY ; traduit de l'anglois par *L. A.* MILLIN DE GRANDMAISON. *Londres*, 1790. — 2 vol. in-8°.

50 Eloge du contre-amiral Dumont-D'Urville, par M. ROBERGE, membre de l'Académie royale des sciences, arts et belles-lettres de Caen. *Caen*, Hardel, 1843. — in-8° de 56 p.

51 Notice biographique sur M. Chauvin , prof. de botanique et de géologie à la Faculté des sciences de Caen, ancien trésorier de l'Académie ; par M. *René* LENORMAND. *Caen*, Hardel , 1859. — in-8° de 32 p.

52 Notice sur Auger de Busbecq ambassadeur du roi Ferdinand Ier, en Turquie, et de l'empereur Rodolphe II , en France. Suivie de l'histoire de la petite fourmi qui voulait faire un voyage à Jérusalem. Par ROUZIÈRE aîné. *Lille*, Lefebvre-Ducrocq , 1860. — in-8° de 63 p.

53 Eloge du docteur de Grateloup, de Bordeaux , par *J.-J.* CAZENAVE, médecin à Bordeaux. *Paris*, Béchet, 1862. — in-8° de 35 p.

54 Esquisses sur les ouvrages de quelques anciens natura-

listes Belges, par *J*. KICKX. *Bruxelles*, Hayez, 1838. —
in-8° de 16 p.

55 Exquisses sur les ouvrages de quelques anciens naturalistes Belges. par *J*. KICKX. *Bruxelles*, Hayez, 1842.
— in-8° de 36 p. et 3 pl.

56 Notice sur les travaux scientifiques de M. C. Montagne.
Paris, Martinet, 1852. — in-4° de 19 p.

57 Rapport sur l'ouvrage de M. Casimir Roumeguère,
naturaliste. *Toulouse*, Douladoure, 1857. — in-8°
de 8 p.

Extrait des *Mémoires de l'Académie impériale des sciences, inscriptions et belles-
lettres de Toulouse.*

58 Catalogue de la bibliothèque de la Société royale des
sciences, de l'agriculture et des arts de Lille, par le
docteur HAUTERIVE. *Lille*, Leleux, 1839.—1 vol. in-8°.

59 Catalogue de la bibliothèque scientifique de MM. de
Jussieu, dont la vente aura lieu le lundi 11 janvier
1858 et jours suivants, à sept heures du soir, maison
Sylvestre. *Paris*, Labitte, 1857. — 1 vol. in-8°.

III. Histoire Naturelle. — Dictionnaires.

60 Nouveau dictionnaire d'histoire naturelle, appliquée aux
arts, à l'agriculture, à l'économie rurale et domestique, à la médecine, etc. Par une société de naturalistes
et d'agriculteurs. Nouvelle édition, presqu'entièrement
refondue et considérablement augmentée ; avec des

figures tirées des trois règnes de la nature. *Paris*, Deterville, 1816. — 36 vol. in-8°.

61 Dictionnaire classique d'histoire naturelle, par Messieurs AUDOUIN, *Isid.* BOURDON, *Cad.* BRONGNIART, DE CANDOLLE, EDWARDS, FLOURENS, GEOFFROY DE SAINT-HILAIRE, *A.* DE JUSSIEU, KUNTH, etc.*Paris*, Rey, 1822. — 16 vol. in-8° et un atlas.

62 Dictionnaire universel d'histoire naturelle, par MM. ARAGO, AUDOUIN, BAZIN, BECQUEREL, BIBRON, BLANCHARD, DE BRISSON, *Ad.* BRONGNIART, C. BROUSSAIS, BRULLÉ, CHEVROLAT, etc., etc. Ouvrage dirigé par *Charles* D'ORBIGNY, et enrichi d'un atlas de planches gravées sur acier. *Paris*, 1841. — 13 vol. texte et 3 vol. atlas, in-8°.

63 Annales des sciences naturelles comprenant la zoologie, la botanique, l'anatomie et la physiologie comparées des deux règnes, et l'histoire des corps organisés fossiles, rédigées pour la zoologie, par MM. AUDOUIN et MILLNE-EDWARDS, et pour la botanique par MM. *Ad.* BRONGNIART et GUILLMIN. *Paris*, Crochard, Masson, 1834-1860. — 90 vol. in-8°.

1° La zoologie comprend 20 vol. de la 2e série et 6 de la 3e, en tout 26 vol.

2° La botanique comprend 20 vol. de la 2e série, 20 vol. de la 3e, et 14 vol. de la 4e, en tout 54 vol.

1. ZOOLOGIE.

§ 1. TRAITÉS GÉNÉRAUX,

64 Abrégé élémentaire de l'histoire naturelle des animaux,
à l'usage de l'Ecole centrale du département du Nord,
établie à Lille. *Lille*, Jacquez. — 1 vol. in-8°.

65 Tableau élémentaire de l'histoire naturelle des animaux.
Par *G.* Cuvier, de l'Institut national de France, etc.
Paris, Baudouin, an VI.— 1 vol. in-8°.

Prix accordé à Jean-Baptiste-Joseph Desmazières, le 27 thermidor an VIIIe de la
république, par Lestiboudois père, professeur de botanique.

§ 2. VERTÉBRÉS MAMMIFÈRES, ORDRE DES CÉTACÉS.

66 Mémoire sur le delphinorhynque microptère échoué à
Ostende, lu à la séance du 5 novembre 1836, de
l'Académie royale de Bruxelles, *B.-C.* Dumortier.
Bruxelles, Hayez, 1839. — in-4° de 13 p. et 2 pl.

§ 3. VERTÉBRÉS OVIPARES A SANG CHAUD,

67 Histoire naturelle des oiseaux. *Paris*, imp. royale, 1770.
— 9 vol. in-4° fig.

68 Catalogue raisonné de la collection d'oiseaux d'Europe
de Côme-Damien Degland, acquise par la ville de

Lille. Par MAQUET-DEGLAND. *Lille*, Danel, 1857. —
1 vol. in-8º.

69 Utilité et réhabilitation du moineau. Notice lue à la
séance du 19 mars 1858, de la Société impériale d'ac-
climatation. — in-8º de 15 p.

§ 4. VERTÉBRÉS OVIPARES A SANG FROID.

70 Discours sur les poissons (sans titre). — 1 vol. in-12.

§ 5. ANNÉLÉS, INSECTES.

71 Insectes diptères du Nord de la France. Tipulaires. Par
J. MACQUART, de la Société des sciences, de l'agriculture et des arts de Lille. *Lille*, Leleux, 1826. — 4 vol.
in-8º.

§ 6. MOLLUSQUES.

72 Specimen inaugurale exhibens synopsin molluscorum
Brabantiæ Australi indigenorum, quod annuente
summo numine, ex auctoritate Rectoris Magnifici
Francisci Josephi Adelmann, Phil. doct., etc.; nec non
amplissimi senatus academici consensu, et nobilissimi
discipline mathematicarum et physicarum ordinis
decreto pro adipiscendo gradu magisterii et doctora-
tus summisque in mathesi et philosophia naturali honoribus atque privilegiis in academia Lovaniensi
rite et legitime consequendis, publicæ ac solemni
disputationi submittit *Johannes* KICKX, Societatis
botanices et agriculturæ Gandavensis, Scientiarum
naturalium Leodiensis, atque Hort. cult. quæ Insulis

Gallorum floret, Socius. Die XIII Julii M DCCC XXX, hora IX. *Lovanii*. Franciscus Michel, 1830. — 1 vol. in-4°. 1 pl.

Ce volume est accompagné d'une lettre du docteur KICKX à M. DESMAZIÈRES, du 14 novembre 1831, dans laquelle il lui propose « un commerce d'échange, qui, par « la différence des localités que nous habitons, pourra être également profitable à « tous deux. »

73 Mémoire sur l'embryogénie des mollusques gastéropodes, par *B.-C.* DUMORTIER. *Bruxelles*, Hayez, 1837. — 1 vol. in-4°. 4 pl.

74 Notice sur les insectes diptères qui nuisent aux céréales dans l'état de végétation, par *J.* MACQUART. — in-8°.

Ce volume renferme aussi un travail de M. PICART sur les mollusques qui vivent dans le département de la Somme.

75 Essai sur la nourriture et les stations botaniques et géologiques des mollusques terrestres et fluviatiles considérés au point de vue géographique et statistique; par M. le d^r DE GRATELOUP. *Bordeaux*, Lafargue, 1857. — in-8° de 12 p.

§ 7. ZOOPHYTES, POLYPES.

76 Essai sur l'histoire naturelle des corallines et d'autres productions marines du même genre, qu'on trouve communément sur les côtes de la Grande-Bretagne et d'Irlande; auquel on a joint une description d'un grand polype de mer, pris auprès du Pôle arctique, en 1752, par *Jean* ELLIS, traduit de l'anglois. *La Haye*, de Hondt, 1756. — 1 vol. in-4°.

77 Essai d'une classification des animaux microscopiques, par M. Bory de Saint-Vincent, correspondant de l'Institut, etc. Extrait du tome II (zoophytes), de l'histoire naturelle, de l'encyclopédie méthodique. *Paris*, Agasse, 1826. — 1 vol. in-8º.

78 Mémoire sur l'anatomie et la physiologie des polypiers composés d'eau douce nommés lophopodes, par *B.-C.* Dumortier, 2e édition. *Tournay*, Casterman, 1836. — in-8º de 84 p. et de 2 pl.

2. BOTANIQUE.

§ 1. PHILOSOPHIE DE LA BOTANIQUE. — ORGANOGRAPHIE ET PHYSIOLOGIE.

79 Considérations sur quelques végétaux du dernier ordre, chapitre additionnel aux fragments de philosophie botanique ; par *A.-L.* Marquis, D. M. P., professeur de botanique au Jardin des Plantes de Rouen. *Rouen*, Baudry, 1826. — 1 vol. in-8º.

80 Traité d'anatomie et de physiologie végétales, suivi de la nomenclature méthodique ou raisonnée des parties extérieures des plantes... Ouvrage servant d'introduction à l'étude de la botanique ; par *C.-F.* Brisseau-Mirbel, aide-naturaliste au muséum national d'histoire naturelle. *Paris*, Dufart, an X (1801). — 2 vol. in-8º.

81 Exposition de la théorie de l'organisation végétale, ser-

vant de réponse aux questions proposées en 1804, par
la Société royale de Gottingue ; par *C.-F.* Brisseau-
Mirbel, membre de l'Institut de France, etc. 2ᵉ édition avec 9 planches. *Paris,* Dufart, 1809. — 1 vol.
in-8°.

82 Elémens de physiologie végétale et botanique, par *C.-F.*
Brisseau-Mirbel, de l'Institut. *Paris,* Magimel, 1815.
— 2 vol, in-8° et 1 vol. planches.

83 Recherches sur la motilité des végétaux. Par *B. C.* Dumortier. *Gand,* Goesin, 1829. — in-8° de 16 p.
Cinq exemplaires.

84 Observations générales sur l'organogénie et la physiologie des végétaux, considérés comme étant de grandes
associations de végétaux plus simples, confervoïdes,
et simplement agglutinés ; par *P.-J.-F.* Turpin.
Paris, F. Didot, 1835. — 1 vol. in-4°. 1 pl.

85 Quelques observations de morphologie végétale faites au
jardin botanique de Christiania, par *J.-M.* Norman.
Christiania, Brogger, 1857. — in-4° de 32 p. et 2 pl.

86 Fragmens d'anatomie végétale. (Le titre manque).

87 De la végétation des plantes. (Le titre manque). — 1 vol.
in-18.

88 Physiologie végétale, contenant une description des
organes des plantes, et une exposition des phénomènes
produits par leur organisation ; par *Jean* Senebier,
membre de l'Institut des sciences et des arts, de plusieurs Académies et Sociétés savantes , et bibliothé-

caire à Genève. *Genève*, Paschoud. — 5 vol. in-8°.

89 Note sur une ascidie accidentelle du rosier, par *J.* KICKX.
— in-8°. de 4 p. et 1 pl.

Extrait des *Mémoires de l'Académie royale de Belgique*, T. XVIII.

§ 2. TRAITÉS DIVERS.

90 De historia stirpivm commentarii insignes , maximis
impensis et vigiliis elaborati, adiectis earymdem vivis
plusqvam quingentis imaginibus numquam antea ad
naturæ imitationem artificiosius effectis et expressis,
Leonharto FUCHSIO, medico hac nostra ætate longe
clarissimo, autore. *Basileæ*, Isengrim, 1542. — 1 vol.
in-fol.

91 Commentaires tres excellens de l'hystoire des plantes,
composez premièrement en latin, par *Leonarth* FOUSCH,
medecin tres renommé : et depuis nouuellement tra-
duictz en langue françoise, par vn homme scauant et
bien expert en la matiere. *Paris*. Jacques Gazeau. 1549.
— 1 vol. pet. in-fol. figures.

92 Historia generalis plantarum in libros XVIII per certas
classes artificiose digesta, hæc, plusquam mille imaginibus plantarum locupletior superioribus , omnes
propemodum quæ ab antiquis scriptoribus, Græcis ,
Latinis , Arabibus , nominantur : necnon eas quæ in
orientis atque occidentis partibus , ante sæculum
nostrum incognitis, repertæ fuerunt, tibi èxhibet.
Habes etiam earundem plantarum peculiaria diversis
nationibus nomina : habes amplas descriptiones ,

2

e quibus singularum genus, formam, ubi crescant et quo tempore vigeant, nativum temperamentum, vires denique in medicina proprias cognosces. (Auct. *Gulielmo* ROVILLE, adjuvantibus *Jacobo* DELECHAMPIO, *Joanne* MOLINEO et *Gulielmo* RONDELETIO, medicis.) *Lugduni,* Roville, 1587. — 2 vol. in-fol.

93 Histoire des plantes, en laquelle est contenve la description entiere des herbes, c'est-à-dire, leurs especes, forme, noms, temperament, vertus et operations : non seulement de celles qui croissent en ce païs, mais aussi des autres estrangeres qui viennent en vsage de medecine, par *Rembert* DODOENS, medecin de la ville de Malines. Et nouuellement traduit de bas-Aleman en François par *Charles* DE L'ESCLUSE. *Anvers,* Loë, 1559.—1 vol. p. in-fol., fig. dans le texte.

94 *Remberti* DODONÆI Mechliniensis, medici Cæsarei, stirpivm historiæ pemptades sex, sive libri xxx variè ab auctore, paullò ante mortem, aucti et emendati. *Antverpiæ,* Plantin, 1616.— 1 vol. in-fol. avec figur.

95 Historia plantarum universalis. Auctoribus *Johanne* BAUHINO, archiatro, *Joh.-Henrico* CHERLERO, doctore : Basiliensibus. Quam recensuit et auxit *Dominicus* CHABRÆUS, D. Genevensis, iuris vero publice fecit, Fr. *Lud.* A. GRAFFENRIED, Dns in Gertzensee, etc. *Ebroduni* CIƆIƆCL. — 3 vol. in-fol., fig.

96 *Jacobi* BREYNII Gedanensis exoticarum aliarumque minus cognitarum plantarum centuria prima cum figuris æneis summo studio elaboratis. *Gedani,* Rhetius, anno cIƆ. IƆC. LXXIIX. — 1 vol. in-fol.

97 *Caspari* COMMELIN , M. D., et horti medici Amstelædamensis botanici, præludia botanica ad publicas
plantarum exoticarum demonstrationes , dicta in
horto medico, cum demonstrationes exoticarum 3
octobris 1701, et 29 maii 1702, ex auctoritate nobi-
lissimorum et amplissimorum D. consulum auspicare-
tur. His accedunt plantarum et exoticarum, in prælu-
diis botanicis recensitarum , icones et descriptiones.
Lugduni Batavorum, du Vivie, 1715. — 1 vol. in-4°.

98 Nova plantarvm genera ivxta Tovrnefortii methodvm
disposita quibus plantæ MDCCCC recensentur, scilicet
fere MCCCC nondum observatæ, reliquæ suis sedibus
restitutæ ; quarum vero figuram exhibere visum fuit
eæ ad DL æneis tabulis CVIII graphice expressæ
sunt... Avctore *Petro-Antonio* MICHELIO fior. *Florentiæ*, Paperini 1728. — 1 vol. pet. in-fol. avec des notes
marginales manuscrites.

99 *Fabi* COLVMNÆ *Lyncei* φυτοβασανος cvi accedit vita Fabi
et Lynceorum notitia adnotationes qve in φυτοβασανον
Iano PLANCO *Ariminensi* avctore et in Senensi academia anatomes pvblico professore. *Florentiæ*,
CIƆIƆCCXLIIII. Ære. — 1 vol. in-4°. Planches.

100 Observations sur les plantes, par M. GUETTARD, docteur
en médecine de la Faculté de Paris, etc. *Paris*, Durand,
1747. — 2 vol. in-12.

101 *Conradi* GESNERI philosophi et medici celeberrimi
opera botanica per duo sæcula desiderata quorvm
pars prima, prodromi loco, continet figvras vltra CCCC.
minoris formæ, partim ligno excisas, partim æri ins-

cvlptas... nvnc primum in lvcem edidit et præfatvs
est D. *Casimirvs Christophorvs* SCHMIEDEL. *Norim-*
bergæ, Seligmann , 1753. — 1 vol. in-fol.

102 *Caspari* BAVHINI viri clariss. theatri botanici sive historiæ plantarvm ex vetervm et recentiorvm placitis
propriaqve observatione concinnatæ , liber primus,
editus opera et cura *Jo. Casp.* BAVHINI. *Basiliæ* ,
Konig, 1758. — 1 vol. in-fol. Planches.

103 Catalecta botanica qvibvs plantæ novæ et minvs cognitæ
describvntvr atqve illvstrantvr ab *Alberto Gvilielmo*
ROTH , medecinæ doctore , etc. *Lipsiæ*, Muller, 1797.
— 3 vol. in-8°. Planches.

104 Synopsis plantarum seu enchiridium botanicum , complectens enumerationem systematicam specierum
hucusque cognitarum. Curante Dr. *C.-H.* PERSOON,
diversarum Societatum membro. *Parisiïs Lutetiorum* ,
Cramer, 1805. — 2 vol. in-18.

105 Théorie élémentaire de la botanique, ou exposition des
principes de la classification naturelle et de l'art de
décrire et d'étudier les végétaux ; par M. *A.-P.* DE
CANDOLLE, 2ᵉ édition, revue et augmentée. *Paris*,
Deterville, 1819. — 1 vol. in-8°.

106 Nouveaux élémens de botanique et de physiologie végétale. 2ᵉ édition, par *Achille* RICHARD, docteur en médecine, avec 8 planches gravées en taille-douce,
repré sentant les principales modifications des organes
végétaux. *Paris*, Béchet, 1822. — 1 vol. in-8°.

107 Histoire des plantes. — 1 vol. in-12.

Sans titre. Le commencement manque jusqu'à la page 55. Table alphabétique manuscrite.

108 Instruction pour le peuple. Botanique. *Paris*, Dubochet. — in-8° de 32 p.

§ 3. MÉTHODES, SYSTÈMES, CLASSIFICATIONS.

109 *Josephi* PITTON TOURNEFORT Aquisextiensis, institutiones rei herbariæ. Editio tertia, appendicibus aucta ab *Antonio* DE JUSSIEU, Lugdunæo, etc. *Parisiis*, typogr. Regia, 1719. — 3 vol. in-4°.

110 Index alter plantarum quæ in horto accademico Lugduno-Batavo aluntur conscriptus ab *Hermanno* BOERHAAVE *Lugduni Batavorum*, Jansson Vander, 1727. — 1 vol. in-4°.

111 *Caroli* LINNÆI philosophia botanica in qva explicantvr fvndamenta botanica cvm definitionibus partivm, exemplis terminorvm, observationibvs rariorum, adiectis figvris æneis. *Viennæ*, Trattner, 1755. — 1 vol. in-8°.

112 Familles des plantes, par M. ADANSON, de l'Académie des sciences, de la Société royale de Londres, censeur roïal. I. Partie. Contenant une préface istorike sur l'état ancien et actuel de la botanike, et une téorie de cette science. *Paris*, Vincent, 1763. — 2 vol. in-8°.

113 *Caroli* LINNÆI equitis aur. de stella polari, etc., species plantarum, exhibentes plantas rite cognitas ad genera

relatas, cum differentiis specificis, nominibus trivialibus, synonymis selectio, locis natalibus, secundum
systema sexuale digestas. Editio tertia. *Vindobonæ*,
Trattner, 1764. — 2 vol. in-8º.

114 *Caroli* V. LINNÉ Equ. aur. de stella polari etc. Genera
plantarum eorumque characteres naturales secundum
numerum, figuram, situm, et proportionem omnium
fructificationis partium. Editio novissima. *Viennæ* ,
Trattner, 1767. — 1. vol. in-8º.

115 *Caroli* A LINNÉ systema plantarum secvndvm classes ,
ordines, genera, species cvm characteribvs, diffe-
rentis, nominibus trivialibus, synonymis selectis, et
locis natalibvs. Editio novissima, novis plantis ac
emendationibvs ab ipso avctore sparsim evvlgatis
adavcta cvrante D. *Joanne-Jacobo* REICHARD. *Fran-
cofvrti ad Mœnvm*, Varrentrapp, 1779. — 5 vol. in-8º.

116 *Antonii Laurentinii* DE JUSSIEU regi a consiliis et secre-
tis, doctoris medici parisiensis etc. Genera plantarum
secundum ordines naturales disposita, juxta methodum in horto regio parisiensi exaratam, anno
M. DCC. LXXIV. *Paris*, Herissant, 1789. — 1 vol.
in-8º.

117 *Nat. Jos.* DE NECKER, botan. serenis. Electoris Bavaro-
Palatini, etc. Elementa botanica genera genuina,
species naturales omnium vegetabilium detectorum
eorumque characteres diagnosticos ac peculiares
exhibentia, secundum systema omologicum seu natu-
rale, evulgata, cum tabulis separatis. *Paris*, Bos-
sange, 1790. — 4 vol. in-8º.

118 Cours d'histoire naturelle, contenant une distribution
méthodique, facile et en grande partie nouvelle, des
trois règnes de la nature, en ordres et en genres,
avec leurs caractères distinctifs; ainsi que la déter-
mination caractéristique, historique, économique,
médicinale, etc. des espèces animales et végétales,
indigènes au département de la Dyle (ci-devant Brabant), etc., par le citoyen VANDERSTEGEN DE PUTTE,
prof. d'histoire naturelle. Partie générique. *Bruxelles*, Flon, an VI de la République; tome I. —
in-8°.

119 Système sexuel des végétaux, suivant les classes, les
ordres, les genres et les espèces, avec les caractères
et les différences; par *Charles* LINNÉ. Première édition française, calquée sur celles de Murray et de
Persoon, augmentée et enrichie de notions élémentaires, etc; par *N.* JOLYCLERC, prof. d'histoire naturelle. *Paris*, Moutardier, an VII. — 5 vol. en 1
t. in-8°.

Ce volume est le 1er prix d'histoire naturelle remporté par M. Henri Desmazières
à la distribution des prix, à l'Ecole centrale de Lille, le 30 thermidor de l'an X.

120 Tableau du règne végétal, selon la méthode de JUSSIEU;
par *E.-P.* VENTENAT, de l'Institut national de France,
l'un des conservateurs du Panthéon. *Paris*, Drison-
nier, an VII. — 4 vol. in-8°.

121 Esquisse du règne végétal, ou tableau caractéristique
des familles des plantes, avec l'indication des propriétés générales de chaque famille, et des principaux
médicamens qu'elles fournissent; suivant la classifi-

cation adoptée pour le cours de botanique spéciale et
médicale du Jardin des Plantes de la ville de Rouen;
par *A.-L.* Marquis, D. M. P., prof. de botanique
au Jardin des Plantes de Rouen. *Rouen,* Baudry,
1820.

122 Prodromus systematis naturalis regni vegetabilis, sive
enumeratio contracta ordinum generum specierumque
plantarum huc usque cognitarum, juxtà methodi naturalis normas digestas; auctore *Aug. Pyramo* DE CA-
DOLLE. *Paris,* Treuttel, 1824. — 7 vol. in-8°.

123 *Çaroli* A Linné species plantarum exhibentes plantas
rite cognitas cum differentiis specificis, nominibus
trivialibus, synonymis selectis, locis natalibus secundum systema sexuale digestas. Editio quarta, post
Reichardianam quinta, adjectis vegetabilibus hucusque
cognitis curante *Carolo Ludovico* Willdenow. *Berolini,*
Nauk, 1810. — Tomus V, in-8°. Avec un index
manuscrit.

124 *Caroli* A Linné species plantarum exhibentes plantas
rite cognitas ad genera relatas cum differentiis specificis, nominibus trivialibus, synonymis selectis, locis
natalibus secundum systema sexuale digestas. Editio
quarta, post Reichardianam quinta, adjectis vegetabilibus hucusque cognitis olim curante *Carolo Ludovico*
Willdenow, continuata a H. F. Link. *Berolini.* Nauk,
1824. — 1 vol. in-8°. Avec des notes et une table
manuscrites.

§ 4. DICTIONNAIRES ; NOTICES DIVERSES ; OBSERVATIONS ET NOTES CRITIQUES.

125 Systema orbis vegetabilis. Primas lineas novæ constructionis periclitatur *Elias* FRIES. *Lundæ* , 1825. — 1
vol. in-12.

126 Dictionnaire encyclopédique de botanique, par M. le
Chevalier DE LAMARCK, ancien officier au régiment de
Beaujolois, de l'Académie royale des sciences. *Paris,*
hôtel de Thou, 1790. — 13 vol. in-4°.

127 Tableau encyclopédique et méthodique des trois règnes
de la nature. Botanique. Par M. le chevalier DE LA
MARCK, de l'Académie royale des sciences. *Paris,*
Panckoucke, 1791. — 7 vol. in-4° dont 4 vol. de
planches.

128 Dictionnaire élémentaire de botanique, par BULLIARD,
revu et presqu'entièrement refondu par *Louis-Claude*
RICHARD, professeur de botanique à l'Ecole de médecine. Ouvrage où toutes les parties des plantes, leurs
diverses affections, les termes usités et ceux qu'on
peut introduire dans les descriptions botaniques, sont
définis et interprétés avec plus de précision qu'ils ne
l'ont été jusqu'à ce jour, orné de planches gravées en
taille-douce avec le plus grand soin, etc. Précédé d'un
dictionnaire latin-français. 2e édition. *Paris,* 1800. —
1 vol. in-8°.

Ce volume est un prix de la classe d'histoire naturelle, remporté par le citoyen
Henri Desmazières, dans la distribution solennelle des prix à l'Ecole centrale du

département du Nord, établie à Lille, le 30 thermidor neuvième année de la république.

129 Glossaire de botanique ou dictionnaire étymologique de tous les noms et termes relatifs à cette science, par *Alexandre* DE THÉIS. *Paris*, Dufour, 1810. — 1 vol. in-8°.

130 Dictionnaire raisonné de botanique, contenant tous les termes thecniques (*sic*) tant anciens que modernes, considérés sous le rapport de la botanique, de l'agriculture, de la médecine, etc., etc. Par *Sébastien* GÉRARDIN (de Mirecourt), publié, revu et augmenté de plus de trois mille articles, par *N.-A.* DESVAUX ; orné d'un portrait. *Paris*, Dondey-Dupré, 1817. — 1 vol. in-8°.

131 Methodus muscorum illustrata. Quam indulgente exper. facult. médic. Upsal. præside viro nobilissimo Carolo à Linné med. et bot. prof. in auditorio Gustaviano majori, ad diem xiv april. 1781. Proponit *Olof* SCHWARTZ, Norcopia-Gothus. *Upsaliæ*, Edman. — 1 vol. in-4°.

*In eodem volumine:*1.Dissertatio botanica,illustrans nova graminum genera, quam cons. exper. fac. med. Ups. præside, viro nobilissimo Carolo a Linné publico examini subjecit stip. victor. *Daniel-Ericus* NAEZEN, vestrogothus, *Upsaliæ*, 1779. — 2. Dissertatio de gardenia quam consensu experient. fac. med. Upsal. publice ventilandam exhibent præses Carol. P. Thunberg, etc. et respondens stipendiarius regius *Petrus*. DJUPEDIUS, Medelpado-Jemptlanduś. *Upsaliæ*, Edman, 1780. — 3. Dissertatio academica de lavandula, quam consens. exper. fac. Med. Ups. præside viro nobilis-

simo Carolo a Linné, publico examini subjicit stipend.
Wredianus *Johannes-Daniel* LANDMARK , Nericus.
Upsaliæ, Edman, 1780. — 4. De clematide vitalba
Linn. ejusque vsv medico, auctore *Joan.-Abraham-
Théod.* MELLER. *Erlangen*, Kunstmann, 1786. —
5. Consideratio generalis filicum ; auctore *Car.-
Christ.* GMELIN, Bada-Durlacensi. *Erlangen*, Kunst-
mann, 1784. — 6. Viola tricolor ; auctore *Augustino*
HAASE. *Erlangen*, Kunstmann, 1782. — 7. De mentha
piperitide commentatio botanico-medica , avctore
Thoma KNIGGE, Med. Doct. soc. Hasso-Hombvrgensis
patriot. sodal. *Erlangen,* Palm, 1780.

132 Mélanges de botanique. — 1. Organographie végétale.
Observations sur quelques végétaux microscopiques,
et sur le rôle important que leurs analogues jouent
dans leur formation et l'accroissement du tissu cellu-
laire. Par *P.-J.-F.* TURPIN. Extrait des *Mémoires du
Muséum. Paris,* Belin, 1827. — 1 vol. in-4° pl.

Dans le même volume : 2. Révision du genre opégraphe
de la Flore françoise, et observations critiques sur les
éspèces de ce genre, par *Léon* DUFOUR. — 3. Essai
d'une classification des hydrophiles loculées, ou
plantes marines articulées qui croissent en France;
par M. *Théophile* BONNEMAISON, pharmacien à Quim-
per.— 4. *Xaverii* DE WVLFEN, abbatis Klagenfvrthen-
sis, Cryptogama aqvatica. Cum tabula aenea. *Lipsiæ,*
svmptibus bibliopolii Schaeferiani , CIƆIƆCCCIII. —
5. Mémoire sur un genre nouveau de la Cryptogamie
aquatique, nommé Thorea, par BORY DE SAINT-
VINCENT. — 6. Mémoire sur le genre Draparnaldia

de la famille des Conferves ; pl. — 7. Essai sur les
plantes marines des côtes du golfe de Gascogne, et
particulièrement sur celles du département de la
Charente-Inférieure ; par *C.* D'ORBIGNY. — 8. Essai
sur la famille des Cypéracées, par *Thém.* LESTIBOU-
DOIS, de Lille.—9. Recherches sur la reproduction des
végétaux, par *H.* LECOQ, *d'Avesnes* (Nord). — 10.
Lettres sur la fructification des mousses, par PALISSOT
DE BEAUVAIS.

133 Mélanges de botanique. — 1 vol. in-4°.

Ce volume contient : 1. Notice sur le genre Maelenia de
la famille des orchidées, par *B.-C.* DUMORTIER.
Bruxelles, Hayez, 1834. 1 pl. — 2. Essai carpo-
graphique présentant une nouvelle classification des
fruits, par *le même. Bruxelles,* Hayez, 1835. 3 pl.
— 3. Observations générales sur l'organogénie et la
physiologie des végétaux, considérés comme étant
de grandes associations de végétaux plus simples,
confervoïdes, et simplement agglutinés. Par *G.-J.-F.*
TURPIN, lues à l'Académie des sciences, le 24 mars
1834. 1 pl. — 4. Notice des travaux de M. *P.-F.*
TURPIN. — 5. Muscologiæ italicæ spicilegium auctore
J. DE NOTARIS, M. D. Mediolani, 1837.— 6. Primitiæ
hepaticologiæ Italicæ auctore. *J.* DE NOTARIS. 1 pl.
— 7. Catalogue provisoire de la flore du département
de la Charente-Inférieure. — 8. Notice sur quelques
cryptogames nouvelles, des environs de Bahia (Brésil).
Par DUBY. 1 pl. — 9. Note sur une maladie des
feuilles de la vigne, et sur une nouvelle espèce de
Mucédinée ; par *le même.* — 10. Recherches pour

servir à la flore cryptogamique des Flandres, par
J. KICKX. *Bruxelles*, Hayez, 1840. — 11. Catalogue
des cryptogames observées depuis 1835, dans le
Brabant et dans la province d'Anvers; par WESTEN-
DORP, et VAN HAESENDONCK. *Bruxelles*, 1838. —
12. Cenni sulla organographia e fisiologia delle Alghe
del dottore *Giuseppe* MENEGHINI. *Padova*, 1838.

134 Mélanges de botanique. — 1 vol. in-4º.

> *Ce volume renferme :* 1. Essai sur les hydrophytes locu-
> lées (ou articulées) de la famille des épidermées et
> des céramées, par *Théophile* BONNEMAISON. 6 pl. et
> une table manuscrite par M. DESMAZIÈRES.—2. Essai
> d'application à une tribu d'algues de quelques prin-
> cipes de taxonomie, ou mémoire sur le groupe de
> céramiées, par *J.-E*. DUBY. *Genève*, Vignier, 1832.
> 2 pl. — 3. Second mémoire sur le groupe des
> céramiées, par *le même*. 4 planches. — 4. Mémoire
> sur l'organisation intérieure et extérieure des tuber-
> cules du solanum tuberosum et de l'helianthus tubero-
> sus, considérés comme une véritable tige souterraine,
> et sur un cas particulier de l'une de ces tiges ; par
> *J.-F*. TURPIN. 5 planches. — 5. De la reproduction
> des végétaux, par *A.-L.-A*. FÉE. *Strasbourg*, 1835.
> — 6. Examen de la théorie des rapports botanico-
> chimiques. Dissertation présentée et soutenue à la
> Faculté de médecine. par *A.-L.-A*. FÉE. *Strasbourg*.
> Levrault, 1833. — 7. Séance publique de la Faculté
> de médecine de Strasbourg du 26 décembre 1833 pour
> la distribution des prix de l'année scolaire 1832-1833.
> — 8. Recherches sur la structure comparée et le

développement des animaux et des végétaux, par
B.-C. DUMORTIER. *Bruxelles*, Hayez, 1832. 2 pl. —
9. Sylvæ mycologicæ Berolinenses. Auctore Dr *C.-G.*
EHRENBERG. 1 pl. — 10. Systema lichenum genera
exhibens rite distincta, pluribus novis adaucta. Auctore *Fr.-G.* ESCHWEILER. *Norimbergœ*, 1824. — 11.
De timmia, muscorum frondosorum genere. Commentatio quam amplissimi philosophorum ordinis in
Georgia Augusta consensu pro capessendis summis in
philosophia honoribus scripsit *Carolus* HESSLER. *Got-
tingœ*, Baier, 1827.

135 Mélanges de botanique contenant 20 notices diverses,
savoir :

    1. Résumé des classifications des Thalassiophytes, par
Benj. GAILLON. *Strasbourg*, Levrault, 1828. — 2.
Aperçu d'histoire naturelle et observations sur les
limites qui séparent le règne végétal du règne animal,
par *le même. Boulogne*, Leroy, 1833. — 3. Nouvelle
disposition méthodique des espèces des mousses
exactement connues, par *G.-A.* WALKER ARNOTT. —
4. Description d'une espèce gigantesque et nouvelle
de Charagne ; par *Antonio* BERTOLINI, directeur du
jardin botanique de Boulogne. — 5. Observation sur
le genre Asteroma et description de deux espèces
appartenant à ce genre. — 6. Description d'une nouvelle espèce de la 4ᵉ tribu (Cynophallus), du genre
phallus, subord. 1, phalloidei, des gastéromycètes
angiogastres ; par *Ed.* LEGRAND. — 7. Note sur trois
espèces nouvelles de sphæria exotiques ; par FÉE. —
8. Mémoire sur les lichens calicioïdes ; par *Erick*

ACHARIUS; traduit du Suédois par *A.* LE PREVOST.
Caen, 1827. Planches. — 9. Monographie du genre
chiodecton, par *A.* FÉE, professeur à l'hôpital militaire de Lille. Planches. — 10. Monographie du
genre trypethelium; par *le même*. Planches. — 11.
Mémoire sur le groupe des phyllériées, et notamment
sur le genre crieum; par *le même*. Planches. — 12.Sur
les lotos des anciens extrait de la Flore de Virgile
composée pour les classes latines, par *le même*. — 13.
Note sur les sénés, et notamment sur le séné moka,
par *le même*. Planches. — 14. Altheniæ novi plantarum generis descriptio; auct. *F.* PETIT. Planches.
— 15. Aanteekeningen over eenige planten der
zuid-neederlandsche flora, en voornamelijk der flora
van de omstreken van Spa. Door *A.-L.-S.* LEJEUNE en
R. COURTOIS. — 16. Mémoire sur la possibilité d'obtenir un jour, à volonté, la reproduction d'un végétal
phanérogame ou d'un ordre supérieur des innombra-
bles grains vésiculaires de globuline contenus dans
les vésicules-mères dont se composent par simple
agglomération, tous les tissus cellulaires végétaux;
par *P.-J.-F.* TURPIN. — 17. Archives de botanique.
Planches. — 18. Coteries scientifiques. — 19. Essai
historique et critique sur la phytonymie ou nomenclature végétale. — 20. Discours prononcé sur la
tombe de M. C.-G. Nestler, professeur à la Faculté
de médecine à Strasbourg.

136 Mélanges de botanique. — 1 vol. in-8°.

Ce volume renferme les mémoires suivants :

1. Genera Hymenomycetum, quorum novam expositio-

nem venia ampliss. fac philosoph. Ups. præside Elia
Ries, pro gradu philosophico pp. *Laurentius Petr.*
Laurell Ups. Rosl. stip. zedr. in audit. Gustav. D.
xx. april. 1836. H. A. M. S. — 2. Streifzug von
Triest nash Istrien im Frühlinge 1833, mit besonde-
rer Rücksicht auf Botanik. Von Tommasini und Dr.
B. Biasoletto. Planches. — 3. Sylloge Jungermannidearum Europæ indigenarum, earum genera et
species systematice complectens. Auctore *B.-C.*
Dumortier. *Tournai,* Casterman, 1831. 2 planches.—
4. Aperçu d'histoire naturelle et observations sur les
limites qui séparent le règne végétal du règne animal,
par *Benj.* Caillon. — 5. Rapport sur divers travaux
entrepris au sujet de la maladie des vers à soie , par
Dutrochet, rapporteur. — 6. Notice botanique
et culinaire sur les champignons comestibles du département des Landes, par *Léon* Dufour.—7. Elencho
dei Muschi raccolti nei contorni di Torino da *Domenico*
Lisa. 1837. — 8. Notice sur quelques champignons
du Mexique , par *J.* Kickx ; 1841. 2 planches. —
9. Note sur une nouvelle espèce exotique de polypore.
1 pl. — 10. From the Magazine of zoology and
botany. 1 pl. — 11. Magazine of zoology and botany.
Notices of british fungi , by *J.* Berkeley. Planches.

137 Mélanges de Botanique. — 1 vol. in-8°.

Ce volume contient les mémoires suivants: 1. Discours
sur l'état ancien et moderne de l'agriculture et de la
botanique dans les Pays-Bas, prononcé par *Ch.* Van
Hulthem, lors de la distribution des prix de la Société
royale d'agriculture et de botanique de Gand 1837.—

2. Histoire du jardin botanique de Strasbourg. 1836 ;
par *A.* FÉE. — 3. Coup-d'œil sur la végétation de la
Basse-Normandie , par *Alph.* DE BRÉBISSON. 1829. —
4. Aperçu de la végétation des cinq départements de
l'ancienne Normandie, par *le même.*—5. Notions agricoles et industrielles sur le sol et les terrains de l'arrondissement de Falaise, par *le même.* Avec une carte
géographique. — 7. Lettre à M. le Dr Grateloup , sur
les excursions au pic d'Anie et au pic Amoulat dans
les Pyrénées ; par *L.* DUFOUR. — 7. Observations
sur quelques plantes critiques des environs de
Paris, par *E.* COSSON et *E.* GERMAIN. 2 planches.
— 8. Essai monographique sur le Châtaignier ,
par *Edouard* LAMY. — 9. Observations botaniques
sur le genre Sonchus, par *E.* PICARD. 1 planche. —
10. Etude sur les Géraniées qui croissent dans les
départements de la Somme et du Pas-de-Calais , par
le même. — 11. Recherches sur les Chamæriphes
major et minor de Gaertner , et description d'une
nouvelle espèce voisine ; par *J.* KICKX. 1 pl. — 12.
Notice sur une nouvelle espèce d'Epilobe voisine de
l'Epilobe angustissimum ; par *G.-D.* WESTENDORP.
1839. — 13. Essai sur les renoncules à fruits ridés
transversalement ; par le D. GODRON. 2 pl. — 14.
Notice sur quelques nouveaux genres et espèces de
plantes, par *M.* SCHEIDWEILER. — 15. *Caroli* LINNÆI,
sueci, doctoris medicinæ, Systema naturæ, sive regna
tria naturæ, systematice proposita per classes, ordines,
genera et species. Editio prima reedita, curante *Ant.*
Laur. Apoll. FÉE. *Paris,* Levrault, 1830.

138 Mélanges de botanique. — 1 vol. in-8°.

Dans ce volume sont contenus les mémoires suivants : 1. Aperçu microscopique et physiologique de la fructification des thalassiophytes symphysistées , par *Benj.* GAILLON. — 2. Essai sur l'étude des thalassiophytes ou plantes marines , par *le même.* — 3. Expériences microscopiques et physiologiques sur une espèce de conferve marine ; par *le même.* — 4. Essai monographique sur les oscillaires, par BORY DE SAINT-VINCENT. — 5. Sur un genre nouveau d'hépatiques Lejeunia , par Melle *Marie-Anne* LIBERT. 1 pl. — 6. Mémoires sur des cryptogames observées aux environs de Malmédy, par *la même.* 1 pl. — 7. Observations sur le genre Asteroma et description de deux espèces appartenant à ce genre. — 8. Recherches sur les ipécacuanha, par *F.-V.* MÉRAT. 1 pl. — 9. Notice sur un nouveau genre de plantes : Hulthemia ; précédée d'un aperçu sur la classification des roses : par *B.-C.* DUMORTIER. — 10. Suite de l'essai théorique du chevalier ASTIER , sur la nutrition des végétaux. — 11. Précis d'anatomie végétale , par FÉBURIER. — 12. Essai historique et critique sur la phytonymie , ou nomenclature végétale ; par FÉE. — 13. Notice sur les productions naturelles de l'île de Java , par *le même.* — 14. Histoire de la botanique en Bourgogne, par M. VALLOT. — 15. Eloge historique de A. M. F. J. Palisot de Beauvois, membre de l'Institut de France. Discours qui a remporté le prix de la Société pour l'encouragement des sciences , des lettres et des arts d'Arras, en 1821 ; par *Arsène* THIEBAUT DE BERNEAUD. Avec le portrait de Palisot. — 16. Eloge de Pline le naturaliste, par *A.* FÉE.

139 Mélanges de botanique. — 1 vol. in-8°.

Mémoires contenus dans ce volume : 1. Extrait du
rapport fait par la Commission d'agriculture , sur
le résultat de la récolte de 1822 , dans la province
d'Anvers. — 2. Deuxième extrait du bon cultivateur , par *Mathieu* DE DOMBASLE. — 3. Taille raisonnée des arbres fruitiers et autres opérations
relatives à leur culture ; par *C.* BUTRET. 1 pl. — 4.
Quelques observations pratiques sur la théorie des
assolemens ; par MOREL DE VINDÉ. — 5. Mémoires
sur les espèces et les variétés , et sur les moyens de
conserver et de multiplier les dernières ; par M.
FÉBURIER. — 6. Essai sur l'histoire des mûriers et
des vers-à-soie , et sur les moyens de faire chaque
année plusieurs récoltes ; par LOISELEUR-DESLONG-
CHAMPS. — 7. Note sur la fructification du phormium
tenax ou lin de la Nouvelle-Zélande ; par GILLET DE
LAUMONT. — 8. Nouveaux détails sur les moyens
d'acclimater en France le phormium tenax. — 9.
Instruction sommaire sur la culture du fraisier des
Alpes ; par MOREL DE VINDÉ.

140 Mélanges de botanique. — 1 vol. in-8°.

1. Commentationes botanicæ , par *B.-C.* DUMORTIER. —
2. Verhandeling over het geslacht der Wilgen (Salix)
en de natuurlijke familie der amentaceæ ; door *B.-C.*
DUMORTIER , te Doornick. — 3. Recherches sur la
motilité des végétaux ; par *B.-C.* DUMORTIER. — 4.
Analyse des familles des plantes , avec l'indication
des principaux genres qui s'y rattachent ; par *le
même.* — 5. Sylloge Jungermannidearum Europæ

indigenarum ; par *le même.* 3 pl. — 6. Mémoire sur
l'anatomie et la physiologie des polypiers composés
d'eau douce , nommés lophopodes ; par *le même.* 2
pl. — 7. Notice sur le genre dionæa, par *le même.*

141 Observations botaniques , par M. DESMAZIÈRES. 2 vol.
pet. in-fol. avec une table à la fin du premier vol.
(Manuscrit).

142 Notes sur quelques plantes rares ou critiques de la
Belgique , par *François* CREPIN , de Rochefort. Premier fascicule. *Bruxelles ,* Hayez , 1859. — in-8° de
27 p.

143 Diagnoses et observations critiques sur quelques plantes
d'Espagne mal connues où nouvelles, par M. *Léon*
DUFOUR. — in-8° de 38 p.

Extrait du *Bulletin de la Société botanique de France.*

§ 5. FLORES LOCALES.

144 *Caroli* CLVSII Atrebat. rariorum aliquot stirpium per
Hispanias obserŭatarum historia , libris dvobvs ex-
pressa : ad Maximilianvm imperatorem. *Antverpiæ,*
Chr. Plantin, 1576. — 1 vol. in-12. Fig.

145 Plantæ per Galliam , Hispaniam et Italiam observatæ ,
iconibus æneis exhibitæ a *R.-P. Jacobo* BARRELIERO,
opus posthumum, editum cura et studio *Antonii* DE
JUSSIEU, medici. *Parisiis ,* Ganeau, 1714. — 1 vol.
in-fol. avec planches.

146 Histoire des plantes qui naissent aux environs d'Aix, et

et dans plusieurs autres endroits de la Provence ; par M. GARIDEL, docteur en médecine. *Aix*, David , 1715. — 1 vol in-fol. Planches.

147 Botanicon Parisiense , ou dénombrement par ordre alphabétique des plantes qui se trouvent aux environs de Paris compris dans la carte de la prevôté et de l'élection de la dite ville par le sieur DANET GENDRE, année 1722. Avec plusieurs descriptions des plantes, leurs synonymes, le tems de fleurir et de grainer et une critique des auteurs de botanique , par feu M. *Sébastien* VAILLANT. Enrichi de plus de 300 figures , dessinées par *Claude* AUBRIET , peintre au cabinet du roy. *Leyde*, Verbeck, 1727. — 1 vol. in-fol.

Voyez plus bas le N° 189.

148 Histoire des plantes qui naissent aux environs de Paris avec leur usage dans la médecine. Par M. PITTON TOURNEFORT, de l'Académie royale des sciences, etc. 2e édition, revue et augmentée par M. *Bernard* DE JUSSIEU, docteur en médecine de la Faculté de Montpellier , etc. *Paris*, Musier, 1725. — 2 vol. in-12.

149 Hortus Elthamensis seu plantarum rariorum quas in horto suo Elthami in Cantia coluit vir ornatissimus et præstantissimus Jacobus Sherard, M. D. Soc. reg. et coll. med. Lond. Soc. Guilielmi P. M. frater , delineationes et descriptiones quarum historia vel plane non, vel imperfecte a rei herbariæ scriptoribus tradita fuit. Auctore *Johanne-Jacobo* DILLENIO M. D. *Londini*, 1732. — 2 vol. in-fol.

150 Plantarum minus cognitarum centuria I. complectens

plantas circa Byzantium et in oriente observatas; per *J.-C.* BUXBAUM. *Petropoli*, 1728. — 1 vol. in-4°.

151 Plantarum minus cognitarum centuria IV. Complectens plantas circa Byzantium et oriente observatas per *J.-C.* BUXBAUM. *Petropoli*, 1733. — 1 vol. in-4° fig.

152 *Ludovici* GERARDI M. D. flora Gallo-provincialis, cum iconibus æneis. *Paris*, Bauche, 1751. — 1 vol. in-8°.

153 Icones plantarum sponte nascentium in regnis Daniæ et Norvegiæ, in ducatibus Slesvigi et Holsatiæ et in comitatibus Oldenburgi et Delmenhorstiæ ad illustrandum opus de iisdem plantis, regio jussu exarandum, Floræ Danicæ nomine inscriptum; editæ ab ejusdem operis auctore *Georgio - Christiano* ŒDER. M. D. *Hauniæ*, Moller, 1764. — 11 vol. in-fol.

154 *Antonii* GOUAN, doct. med., etc. Flora Monspeliaca, sistens plantas n° 1850 ad sua genera relatas, et hybrida methodo digestas; adjectis nominibus specificis, trivialibusque, synonymis selectis, habitationibus plurium in agro Monspeliensi nuper detectarum, et earum quæ in usus medicos veniunt nominibus pharmaceuticis, virtutibusque probatissimis. *Lugduni*, Duplain, 1765. — 1 vol. in-8°.

155 *Joannis Antonii* SCOPOLI Flora Carniolica exhibens plantas Carniolæ indigenas et distributas in classes, genera, species, varietates, ordine Linnæano. Editio secunda. *Vienne*, Krauss, 1772. — 2 vol. in-8°. Planches.

156 Histoire des plantes de la Guiane françoise, rangées suivant la méthode sexuelle, avec plusieurs mémoires

sur différents objets intéressants, relatifs à la culture et au commerce de la Guiane françoise, et une notice des plantes de l'Isle-de-France. Ouvrage orné de près de quatre cents planches en taille-douce; par M. FUSÉE-AUBLET. 1775. *Paris*, P.-F. Didot. — 2 vol. in-4°.

Cet ouvrage provient de la bibliothèque de M. de Gillaboz, ancien bibliothécaire de Lille.

157 Histoire des plantes vénéneuses et suspectes de la France, par BULLIARD. Le principal objet de cet ouvrage est de bien faire connoître certaines plantes, dont l'usage pourroit devenir la source de quelques accidents plus ou moins graves; de prévenir sur l'espèce de danger auquel chacune de ces plantes expose; d'indiquer les signes propres à tèlle ou telle sorte d'empoisonnement, et d'enseigner ensuite les moyens les plus prompts et les plus efficaces de remédier aux accidens causés par les poisons végétaux, tant à l'intérieur qu'à l'extérieur. *Paris*, 1784. — 7 vol. in-fol. avec pl.

158 Histoire des plantes de Dauphiné, contenant une préface historique; un dictionnaire des termes de botanique; les classes, les familles, les genres, et les herborisations des environs de Grenoble, de la Grande-Chartreuse, de Briançon, de Gap et de Montelimar. Par M. VILLARS, médecin de l'hôpital militaire de Grenoble, etc. *Grenoble*, 1786. — 3 vol. in-8°. Planches.

159 *Antonii-Joann.* KROEKER, medicinæ doctoris, etc. Flora Silesiaca renovata, emendata, continens plantas Silesiæ indigenas, de novo descriptas, vltra nongentas, circa

40

mille avctas. Nec in flora Silesiaca pristina, nec in
enumeratione stirpivm Silesiacarvm' reperivndas.
Secvndvm systema sexvale Linnæi digestas. Rariores
tabvlis æneis illvminatis illvstratas. *Vratislaviæ*,
Korn, 1787. — 4 vol. in-8°.

160 *Joannis-Danielis* LEERS, flora Herbornensis exhibens
plantas circa Herbornam Nassoviorum crescentes,
secundum systema sexuale Linnæanum distributas
cum descriptionibus rariorum imprimis graminum,
propriisque observationibus et nomenclatore accesse-
runt graminum omnium indigenorum eorumque
ad 'finium icones CIV auctoris manu ad vivum deli-
neatæ. Editio altera. *Berlin*, Himburg, 1790 — 1 vol.
in-8°.

161 Flora Cochinchinensis: sistens plantas in regno Cochinchina nascentes. Quibus accedunt aliæ observatæ in
Sinensi imperio, Africa orientali, Indiæque locis
variis. Omnes dispositæ secundum systema sexuale
Linnæanum. Labore ac studio *Joannis* DE LOUREIRO.
Regiæ scientiarum Academiæ Ulyssiponensis socii :
olim in Cochinchina catholicæ fidei præconis etc. *Ulys-
sipone*, anno M. DCCXC. — 2 vol. in-4°.

162 Flora Hannoniensis, ou plantes indiquées dans la *Flora
Hannoniensis* de M. *Gabr. Ant. Jos.* HÉCART, de Valenciennes. Ouvrage manuscrit fait en 1792, et que l'auteur m'a communiqué en 1822. Par M. DESMAZIÈRES.
— Manuscrit in-4°.

163 Traité des plantes les moins fréquentes, qui croissent
naturellement dans les environs des villes de Gand,

d'Alost, de Termonde et Bruxelles, rapportées sous les dénominations des modernes et des anciens, et arrangées suivant le système de Linnæus; avec une explication des termes de la nomenclature botanique, les noms françois et flamands de chaque plante, etc. ; par Roucel, *Bruxelles*, Lemaire, 1792. — 1 vol. in-8°.

Prix de la classe d'histoire naturelle du 30 thermidor, an IX, remporté par M. Desmazières.

164 Système sexuel et analytique des végétaux qui croissent ou que l'on cultive communément dans le département du Nord et parties circonvoisines; par H.-J. Desmazières. Première partie contenant l'analyse des genres. An II. — 1 vol. in-4° oblong. Manuscrit.

165 Essai sur les qualités et propriétés des arbres, arbrisseaux, arbustes, et plantes ligneuses, qui croissent naturellement dans le département du Nord, ou que l'on peut y naturaliser. Par le citoyen Hecart. *Valenciennes*, l'an III. — 1 vol. in-4°.

166 *Alberti* von Haller icones plantarum Helvetiæ, ex ipsius Historia stirpium Helveticarum denuo recusæ, cum descriptionibus clarissimi auctoris, ejusque præfatione de rebus historiam naturalem Alpium Helveticarum illustrantibus, additis notis auctoris. Complectens 52 tabb. æn. *Bernæ*, 1795. — 1 vol. in-fol.

167 Botanographie Belge, seconde édition , corrigée , augmentée et divisée en trois parties, par *François-Joseph*

LESTIBOUDOIS fils. *Lille*, Vanackere, an VII. — 4 vol. in-8°.

168 Flora atlantica sive historia plantarum, quæ in Atlante, agro Tunetano et Algeriensi crescunt. Auctore *Renato* DESFONTAIŅES. *Paris*, Blanchon, an VIII. — 2 vol. in-4°.

169 Flore du Nord de la France, ou description des plantes indigènes et de celles cultivées dans les départements de la Lys, de l'Escaut, de la Dyle et des Deux-Nèthes, y compris les plantes limitrophes de ces départements; par *F.* ROUCEL, officier de santé pensionné de la ville d'Alost. *Paris,* Richard, an XI (1803). — 2 vol. in-8°.

170 Flore française ou descriptions succinctes de toutes les plantes qui croissent naturellement en France, dis-posées selon une nouvelle méthode d'analyse et pré-cédées par un exposé des principes élémentaires de botanique. 3ᵉ édition, par MM. DE LAMARCK et DE CANDOLLE. *Paris,* Agasse, 1805. — 5 vol. in-8°.

171 Flora Gallica seu enumeratio plantarum in Gallia sponte nascentium; auctore *J.-L.-A.* LOISELEUR DESLONG-CHAMPS, doctore-medico Parisiensi *Lutetiæ*, Mingeret, 1806. — 1 vol. in-12.

172 Notice sur les plantes à ajouter à la Flore de France (Flora gallica); avec quelques corrections et observa-tions; par *J.-L.-A.* LOISELEUR DESLONGCHAMPS, doct. en médecine. *Paris,* Sajou, 1810. — 1 vol. in-8°.

173 Flore des environs de Spa, ou distribution selon le sys-

tème de Linnæus, des plantes qui croissent spontanément dans le département de l'Ourthe et dans les
départ. circonvoisins, pour servir de suite à la Flore
du Nord de la France de M. Roucel ; par *A.-L.-S.*
LEJEUNE, médecin. *Liège*, Duvivier, 1811. — 1
vol. in-8º.

174 Compendium Floræ Britannicæ, auctore *Jacobo Edvardo*
SMITH, Equ. aur. M. D. Societatis Linnæanæ præside,
etc. Editio tertia. *Londini*, Longman, 1818. — 1 vol.
in-8º.

175 Flora Boreali-Americana, sistens caracteres plantarum
quas in America septentrionali collegit et detexit
Andreas MICHAUX, instituti Gallici scientiarum etc.
Tabulis æneis 51 ornatis. Æditio nova. *Parisiis*,
Jouanaux, 1820. — 2 vol. in-8º.

176 Zweite Beilage zur Flora oder botanischen Zeitung
1824. Zweiter Band. Flora der Melville-Insel von *R.*
BROWN, nach dem Englischen bearbeitet und mitge-
theilt von Herrn Professor *Dr.* KUNZE. (2ᵉ supplément
à la Flore ou Gazette botanique, 1824. 2ᵉ vol. Flore
de l'île Melville de R. BROWN, rédigée d'après l'an-
glais par M. le prof. KUNZE). *Prague*, P.-M. Opiz. —
1 vol. in-12.

177 Flore générale des environs de Paris, selon la méthode
naturelle. Description de toutes les plantes agames,
cryptogames et phanérogames qui y croissent spontanément ; leurs propriétés, leur usage dans la médecine, les arts et l'économie domestique; avec une
classification naturelle des agames et des cryptogames,

basée sur l'organisation de ces végétaux et accompagnée de dix-huit tableaux iconographiques. Par *F.-F.* CHEVALLIER, doct. en médecine. *Paris*, Ferra, 1826. — 1 vol. in-8°.

178 Florula Belgica , operis majoris prodromus , auctore *B.-C.* DUMORTIER. Staminacia , *Tornaci Nerviorum ,* Casterman, 1827. — 1 vol. in-8°.

179 *Même ouvrage, même édition.*

180 Nomenclatura Floræ Danicæ emendata cum indice systematico et alphabetico, auctore *J.-W.* HORNEMANN, prof. botanices ordin. eqvite aurat. ordin. Dannebrog. *Hafniæ*, 1827. — 1 vol. in-8°.

181 Botanographie Belgique ou Flore du Nord de la France, par *Thém.* LESTIBOUDOIS, docteur en médecine, professeur de botanique à Lille. *Paris*, Roret, 1827. — — 2 vol. in-8°.

182 *Eliæ* FRIES, prof. Reg. Acad. sc. Holm. membr. etc. novitiæ Floræ Suecicæ. Editio altera, auctior et in formam commentarii in cel. Wahlenbergii Floram Suecicam redacta. *Londini Gothorum*, 1828. — 1 vol. in-8°.

183 Corpus florarum provincialium Sueciæ. I Floram Scanicam scripsit *Elias* FRIES. *Upsaliæ*, Sebell, 1835. — 1 vol. in-8°.

184 *Aug. Pyrami* DE CANDOLLE Botanicon gallicum seu synopsis plantarum in Flora Gallica descriptarum. Editio secunda. Ex herbariis et schedis Candollianis propriis-

que digestam, a *J.-E.* D̤uby. *Paris*, Desray, 1828. —
2 vol. in-8º.

185 Compendium Floræ belgicæ. Conjunctis studiis ediderunt
A.-L.-S. Lejeune, med. doct. plur. soc. litterar.
sodalis. et *R.* Courtois, med. doct. horti. botanici
Academiæ Leodiensis directioni adjunctus. *Leodii*,
Collardin, 1828, — 3 vol. in-12.

186 Florula Caprariæ sive enumeratio plantarum in insula
Capraria vel sponte nascentium, vel ad utilitatem
latius excultarum auctoribus *Josepho* Moris et *Josepho*
de Notaris. *Taurini*, ex regio typographeo, 1839. —
1 vol. in-4º. 6 pl.

187 Recherches historiques sur Noyon et le Noyonnais.
Statistique botanique ou prodrome de la Flore des
arrondissements de Laon, Vervins, Rocroy et des
environs de Noyon. Par *A.* de La Fons, baron de
Mélicocq. *Noyon*, Soulas, 1839. — 1 vol. in-8º.

188 Nouvelle Flore des environs de Paris, suivant la méthode
naturelle, avec l'indication des vertus des plantes
usitées en médecine, par *F.-V.* Mérat, docteur en
médecine, etc. *Paris*, Méquignon-Marvis, 1821. —
2 vol. in-18.

188 bis. *Même ouvrage.* 4ᵉ édition. *Paris*, Méquignon-
Marvis, 1836.

Le deuxième volume manque.

189 Revue de la Flore parisienne suivie du texte du *Botanicon*
Parisiense de Vaillant, avec les noms Linnéens en
regard. Ouvrage servant de complément aux quatre

rons de Paris (du même auteur), et à toutes celles
publiées jusqu'ici; par *F.-V.* MÉRAT, docteur en médecine. *Paris*, Baillière. 1843. — 1 vol. in-8°.

Voyez plus haut le N° 147.

190 Considérations générales sur la végétation spontanée du
département des Vosges, par M. *le docteur* MOUGEOT,
chevalier de l'ordre royal de la Légion-d'Honneur.
Epinal, Gley, 1846. — 1 vol. in-8°.

191 Catalogue raisonné des plantes vasculaires du plateau
central de la France, contenant l'Auvergne, le Velay,
la Lozère, les Cévennes, une partie du Bourbonnais
et du Vivarais, par *Henri* LECOQ, professeur d'histoire
naturelle de la ville de Clermont-Ferrand, et *Martial*
LAMOTTE, pharmacien de l'Ecole spéciale de Paris.
Paris, Masson, 1848. — 1 vol. in-8°.

192 Notes pour servir à la Flore de l'ouest de la France, par
M. *James* LLOYD. *Nantes*, Forest, 1851. — in-18 de
26 pages.

193 Flore de Namur ou description des plantes soit sponta-
nées, soit cultivées en grand, dans la province de
Namur, observée depuis 1850; accompagnée de tableaux analytiques, des étymologies des noms, des
propriétés des plantes, etc., par *A.* BELLYNCK, de la
Compagnie de Jésus, professeur d'histoire naturelle
au collége N.-D. de la Paix. Plantes vasculaires.
Namur, Douxfils, 1855. — 1 vol. in-8°.

194 Flore de la Haute-Vienne, par *E.* LAMY. *Limoges* et
Isle, M. Ardant, 1856. — in-18 de 64 p.

195 Flore de Maine-et-Loire, par M. Guépin, docteur en médecine, prof. à l'Ecole secondaire de médecine d'Angers, etc. *Angers*, Pavie, 1830.—Tome 1ᵉʳ; in-12.

196 Supplément à la Flore de Maine-et-Loire, par J. P. Guépin, professeur à l'Ecole préparatoire d'Angers, etc. *Angers*, Pavie, 1842. — in-12 de 63 p.

197 Additions à la Flore de Maine-et-Loire, par *J. P.* Guépin, Dr. M. *Angers*, Cosenier, 1857. — in-8° de 20 p.

198 Manuel de la Flore de Belgique ou description des familles et des genres, accompagnés de tableaux analytiques destinés à faire parvenir aisément aux noms des espèces ; suivis du catalogue raisonné des plantes qui croissent spontanément en Belgique, et de celles qui y sont généralement cultivées ; par *François* Crépin. — *Bruxelles*, Tarlier, 1860. — 1 vol. in-12.

199 Nouveaux faits botaniques pour servir à l'histoire des plantes du département de la Vienne, par l'abbé *S.* de Lacroix, curé de Saint-Romain-sur-Vienne. — in-8° de 19 p.

Extrait du *Bulletin de la Société botanique de France*.

200 Bidrag till kannedomen om Stokholmstraktens lofvegetation, of *K.-Fr.* Thedenius. — in-8°.

§ 6. HERBIERS NATURELS ET ARTIFICIELS.

201 Icones stirpium sev plantarvm, tam exoticarvm qvam indigenarvm, in gratiam rei herbariæ studiosorum éditions (et au synopsis) de la nouvelle Flore des envi-

in duas partes digestæ. Cum septem linguarum indi-
cibus, ad diversarum nationum vsum. *Antverpiæ*, ex
officina Plantiniana, M. D. XCI.— 1 vol. in-4° oblong.

202 *Caspari* COMMELIN M. D. botanices professoris Horti
medici Amstelædamensis plantæ rariores et exoticæ
ad vivum æri incisæ. *Lugduni Batavorum*, Haringh,
1706. — 1 vol. in-4°.

203 Herbier artificiel, représentant plus de 1500 plantes, tant
européennes qu'exotiques, en douze cents planches,
gravées en taille-douce ; avec leurs noms tirés des
meilleurs auteurs et deux tables alphabétiques, l'une
latine, l'autre françoise, pour en faciliter la recherche
dans cet herbier. *Paris*, Gogué, 1783. — 4 vol.
in-fol.

204 *Josephvs* GÆRTNER M. D. de frvctibus et seminibvs
plantarvm. Accedvnt seminvm centvriæ qvinqve priores
cvm tabvlis æneis LXXIX. Svmtibvs avctoris. *Stvtgar-
diæ*, 1788. — 3 vol. in-4°.

In volumine secundo continentur : Seminum centurias
quinque posteriores cum tabulis æneis CI. *Tubingæ*,
Schramm, 1790.

Volumen tertium continet : Supplementum carpologiæ.
Leipsig, Richter, 1805.

205 Description des plantes nouvelles et peu connues, culti-
vées dans le jardin de J. M. Cels. Avec figures. Par
E. P. VENTENAT, de l'Institut. *Paris*, Crapelet, an
VIII. — 1 vol. in-fol.

206 Manuel d'herborisation en Suisse et en Valais, rédigé selon le système de Linnée; corrigé d'après ses propres expériences. *Genève*, Paschoud, 1819. — 1 vol. in-12.

207 Icones lithographicæ plantarum Australasiæ rariorum. Decades duæ quas botanicis offert *G. B. A.* GUILLE-MIN. *Paris.* Treuttel et Wurtz, 1827. — 1 vol. in-4°.

208 Icones plantarum sponte nascentium in regno Daniæ et in ducatibus Slesvici, Holsatiæ et Lauenburgiæ ad illustrandum opus de iisdem plantis, regio jussu exarandum, Floræ Danicæ nomine inscriptum; editæ a *J. W.* HORNEMANN, prof. Botan. ordinar. *Hauniæ*, Hostrup, 1834-39. Fascicules XXXIV-XXXVIII.— in-fol.

209 Note sur l'emploi du sulfure de carbone pour la conservation des herbiers, par M. *R.* LENORMAND. — in-8° de 7 p.

Extrait du *Bulletin de la Société botanique de France, 1858.*

210 De la valeur historique et sentimentale d'un herbier, par M. *Léon* DUFOUR; 2ᵉ partie. — Souvenirs d'Espagne. — in-8° de 17 p.

Extrait du *Bulletin de la Société botanique de France.*

§ 7. DISTRIBUTION GÉOGRAPHIQUE ET TOPOGRAPHIQUE DES PLANTES.

211 Flora Helvetica. Boîte renfermant des feuilles détachées sur lesquelles sont collées des plantes desséchées, sans indication de date ni de lieu.

212 Nouveaux faits constatés relativement à l'histoire de la
botanique et à la distribution géographique des
plantes de la Vienne, par M. l'abbé DE LACROIX.
Caen, Hardel, 1857. — in-4º de 32 p.

Extrait des *Mémoires de l'Institut des provinces.*

213 Quelques observations sur la végétation de la Haute-
Vienne, par *E.* LAMY. *Limoges*, Chapoulaud, 1860.—
in-8º de 32 p.

§ 8. CATALOGUES DE PLANTES. — PUBLICATIONS PÉRIODIQUES.
— BIBLIOGRAPHIE.

214 Catalogue des plantes du jardin botanique, établi à Lille,
par les soins de messieurs du Magistrat, rangées par
Mᵉ *Pierre* COINTREL, docteur en médecine, demons-
trateur de botanique, suivant l'ordre classique de
leurs vertus, et conformément à la méthode de M.
Tournefort. *Lille*, Prevost, 1751. — 1 vol. in-8º.

215 Synopsis plantarum in flora gallica descriptarum; auctoribus *J.-B.* DE LAMARCK, ex Instituto scientiarum et
artium, etc., et *A.-P.* DE CANDOLLE, prof. in academia Genevensi, etc. *Paris*, Agasse, 1806. — 1 vol.
in-8º.

216 Hortus Gandavensis, ou tableau général de toutes les
plantes exotiques et indigènes, cultivées dans le jardin
botanique de la ville de Gand... rédigé selon le système
de Linnée; par *J.-H.* MUSSCHE, jardinier en chef.
Gand, Goesin, 1817. — in-8º.

217 Catalogue des plantes cultivées dans le jardin botanique

de la Marine royale du port de Toulon. *Avignon* ,
Seguin , 1821. — in-8°.

218 Catalogus hucusque absolutus omnium plantarum in
Helvetia Cis et transalpina sponte nascentium, quas
continuis itineribus in usum botanophilorum collegit...
J.-C. SCHLEICHER. *Camberii*, Guerrin, 1821. — in-8°
de 64 p.

218 bis. *Même catalogue; même édition.*

218 ter. *Même catalogue; même édition.*

219 Catalogue des plantes omises dans la Botanographie
Belgique et dans les Flores du Nord de la France, ou
énumérations des végétaux phanérogames et crypto
games qui croissent spontanément dans la Belgique
ancienne, et qui n'ont point été connus ou décrits par
tous les auteurs du pays, etc. ; par *J.-B. H.-J.* DES-
MAZIÈRES. *Lille*, Leleux, 1823. — 1 vol. in-8°.

220 Catalogue des plantes qui croissent naturellement aux
environs de Marseille; par *Louis* CASTAGNE, membre
de plusieurs sociétés savantes. *Aix* , Nicot. 1845. —
1 vol. in-8°.

Supplément au catalogue des plantes qui croissent aux
environs de Marseille; par *Louis* CASTAGNE. *Aix* ,
Nicot, 1851. — 1 vol. in-8°.

221 Catalogue des plantes de mon herbier, disposé par lettre
alphabétique ; par M. DESMAZIÈRES. Manuscrit. —
1 vol. in-8°.

222 Table alphabétique des plantes distribuées par classes,
selon la méthode de Tournefort. Avec la récapitula-
tion des classes de Tournefort, relativement à celles
de Linnée; par LESTIBOUDOIS. Manuscrit. — in-4º.

223 Archives de botanique, ou recueil mensuel de mémoires
originaux, d'extraits et analyses bibliographiques,
d'annonces et d'avis divers concernant cette science;
rédigées par une Société de botanistes français et
étrangers, sous la direction de M. *A.-J.* GUILLEMIN,
D. M. *Paris,* au bureau des archives, 1833. — 2 vol.
in-8º.

224 Revue botanique; recueil mensuel renfermant l'analyse
des travaux publiés en France et à l'étranger sur la
botanique et sur ses applications à l'horticulture,
l'agriculture, la médecine, etc. Rédigé par *P.*
DUCHARTRE, docteur ès-sciences, de la Société philo-
mathique. Années 1845 et 1846. *Paris,* Franck,
1845-46. — 2 vol. in-8º.

225 Sur l'enseignement de la botanique à Paris (1853-
1857). Note lue à la Société botanique de France, par
M. le comte JAUBERT, dans la séance du 11 juin
1858. *Paris,* Martinet, 1857 et 1858. — 2 vol.
in-8º.

226 Thesaurus literaturæ botanicæ omnium gentium, inde a
rerum botanicarum initiis ad nostra usque tempora,
quindecim millia opera recensens. Curavit *G.-A.*
PRITZEL. *Lipsiæ,* Brockaus, 1847-1851. — 7 fascicules formant 1 vol. in-4º. — L'ouvrage est complet.

§ 9. APPLICATIONS DE LA BOTANIQUE A LA MÉDECINE.

227 *Petri-Andreæ* MATHIOLI, medici Cæsarei et Ferdinan di
Archiducis Austriæ, Opera quæ extant omnia : Hoc est
commentarii in VI libros *Pedacii* DIOSCORIDIS *Ana-
zarbei* de medica materia : nunc a *Casparo* BAUHINO
D. botanico... post diversarum editionum collationem
infinitis locis aucti, adjectis plantarum iconibus, 1598.
1 vol. in-fol.

228 J. Dioscori di M. *Pietro Andrea* MATTHIOLI sanese
medico Cesareo, nei sei libbri di *Pedacio* DIOSCORIDE
Anazarbeo della materia medicinale. Dal. svo stesso
avtore innanzi la sua morte ricorretti, et in più di
mille luoghi aumentati. Con le figure tirate dalle
naturali, e vive piante, et animali, in numero molto
maggiore, che le altre per avanti stampate. *Venezia*,
N. Pezzana, 1712. — 1 vol. in-fol.

229 Herbarium Blackwellianvm emendatvm et avctvm id est
Elisabethæ BLACKWELL collectio stirpivm quæ in
pharmacopoliis ad medicum vsvm asservantvr qvarvm
descriptio et vires ex anglico idiomate in latinvm
conversæ sistvntvr , figvræ maximam partem ad
natvrale exemplar emendantvr, floris frvctvsqve partivm repræsentatione avgentvr. Cvm præfatione tit.
pl. DD. *Christoph. Iacobi* TREW. Excvdit figvras pinxit
atqve in æs incidit *Nicolas-Fridericus* EISENBERGERVS,
Norimbergæ, de Lavnoy, 1757. 3 vol. in-fol. pl.

230 Manuel vétérinaire des plantes, ou traité sur toutes les
plantes qui peuvent servir de nourriture ou de médica-

mens : 1º Aux animaux domestiques ; 2º aux oiseaux ;
3º aux abeilles ; 4º aux poissons. Par *J.-P.* Buchoz.
Paris, Pernier, an VIII (1799). — 1 vol. in-8º.

231 Recherches et observations sur l'emploi de plusieurs
plantes de France, qui, dans la pratique de la médecine, peuvent remplacer un certain nombre de substances exotiques ; pour servir à la matière médicale
indigène ; par *J.-L.-A.* Loiseleur-Deslongchamps,
docteur en médecine de la Faculté de Paris. *Paris*,
Méquignon, 1819. — 1 vol. in-8º.

§ 10. AGRONOMIE, AGRICULTURE,
ÉCONOMIE RURALE. — AGROSTOGRAPHIE. — ARBORICULTURE,
HORTICULTURE, CULTURE MARAICHÈRE.

232 Le botaniste cultivateur, ou description, culture et
usages de la plus grande partie des plantes étrangères,
naturalisées et indigènes, cultivées en France, en
Autriche, en Italie et en Angleterre, rangées suivant la
méthode de Jussieu ; par *G.-L.-M.* du Mont de
Courset. 2ᵉ édition. *Paris*, Deterville, 1811. — 7 vol.
en un t. in-8º.

233 Excursion agronomique en Auvergne, principalement
aux environs des Monts-d'Or et du Puy-de-Dôme,
suivie de recherches sur l'état et l'importance des
irrigations en France ; par *J.-A.-Victor* Yvart, ancien
cultivateur, membre de l'Institut, etc. *Paris*, impr.
royale, 1819. — 1 vol. in-8º.

234 Relation d'une promenade botanique et agricole dans la
Campine, par *J.* Kickx. — in-8º de 16 p.

235 Notices agricoles. 12 livr. formant le 1er vol. de cette publication. Sans titre. — 1 vol. in-8°.

236 Comice agricole de Lille. Programme des prix à décerner en 1861. — in-8° de 24 p.

237 Notice historique sur l'origine et les progrès des assolemens raisonnés; suivie de l'examen des meilleurs moyens de perfectionner l'agriculture française : ou introduction à la nouvelle édition du traité des cultures et des assolemens les plus convenables à la diversité des sols, des climats, des usages et des débouchés de la France; par *J.-A.-V.* Yvart. *Paris,* Huzard, 1821. — 1 vol. in-8°.

238 Calendrier du bon cultivateur, ou manuel de l'agriculteur praticien; par *C.-J.-A.-M.* de Dombasle. 7e édition, revue, augmentée et ornée de 4 planches, contenant 28 fig. d'instruments. *Paris,* Bouchard-Huzard, 1843. — 1 vol. in-12.

239 Revue des trèfles de la section *chronosemium,* par MM. Soyer-Willemet et Godron. *Nancy,* Grimblot, 1847. — in-8° de 35 p.

240 Hints regarding the agricultural state of the Netherlands compared with that of great Britain; and some observations on the means of diminishing the expence of growing corn; of preventing the mildew in wheat rot in sheep, and the introduction of other improvements into british agriculture. By the Right honourable sir *John* Sinclar, Bart. *London,* 1815. — 1 vol. in-8°.

241 Bibliothèque des propriétaires ruraux, ou Journal d'éco-

nomie rurale et domestique ; par une Société de savans et de propriétaires. Tome 38e ; 10 année, 2e trimestre. *Paris,* Colas. — 1 vol. in-12.

242 Objet d'intérêt public, recommandé à l'attention du Gouvernement et de tous les amis de l'agriculture; par *J.-A.-V.* YVART, ancien cultivateur, professeur d'économie rurale à l'Ecole royale d'Alfort, etc. *Paris,* Huzard, 1816. — 1 vol. in-8°.

243 Rapport de M. POMMERET, médecin-vétérinaire, en réponse au rapport de M. A. Charles, secrétaire-général du Comice agricole de Lille, concernant l'appréciation qu'il a faite des étalons appartenant au département du Nord. *Lille,* Leleux, 1861. — in-8° de 42 p.

244 Réflexions sur les instruments agricoles servant à la culture de l'arrondissement de Lille, adressées au Comice du Nord, par M. ANCELIN, l'un de ses membres. *Wazemmes,* Horemans, 1857. — in-8° de 12 p.

245 Rapport sur l'impôt à établir sur le sucre indigène, par une commission composée de MM. *Dambricourt, Macquart, Hauterive, Davaine et Thém.* LESTIBOUDOIS, rapporteur. *Lille,* Danel. — in-8° de 23 p.

245 bis. *Autre exemplaire du même rapport.*

246 Agrostographie des départemens du Nord de la France, ou analyse et description de toutes les graminées qui croissent naturellement ou que l'on cultive généralement dans ces départements. Ouvrage dans lequel on a

indiqué leurs vertus médicinales, leur utilité dans les arts , la culture de celles que l'on doit préférer pour la nourriture de l'homme et des animaux domestiques ; les différentes maladies auxquelles elles sont sujettes, et les méthodes préservatives que l'agriculteur doit employer. Par *H.* DESMAZIÈRES. *Lille*, Vanackère, 1812. — 1 vol. in-8° et 1 atlas.

Ce volume est intercalé de papier sur lequel M. Desmazières a ajouté beaucoup de notes et d'additions.

246 *bis.* Agrostographie des départements du Nord de la France, etc.; par *H.* DESMAZIÈRES, 1811. Manuscrit. — 1 vol. in-8°.

Premier manuscrit de l'ouvrage précédent, qui a subi plus tard de nombreuses corrections et additions.

247 Agrostologia helvetica , definitionem descriptionemque graminum et plantarum eis affinium in Helvetia sponte nascentium complectens. Auctore *J.* GAUDIN , ecclesiæ Germanicæ Nevidunensis pastore, etc. *Paris*, Paschoud, 1811. — 2 vol. in-8°.

348 Essai d'une nouvelle agrostographie ou nouveaux genres des graminées; avec figures représentant les caractères de tous les genres. Par *A.-M.-F.-J.* PALISOT DE BEAUVOIS, membre de l'Institut. *Paris*, 1812. — 1 vol. in-8°.

249 Fundamenta agrostographiæ sive theoria constructionis floris graminei ; adjecta synopsi generum graminum hucusque cognitorum. Auctore *Carolo Bernhardo* TRINIO M. D. *Viennæ* , 1820. — 1 vol. in-8°. Planches.

250 Observations sur les graminées de la Flore Belgique, par
  B.-C. DUMORTIER. *Tournay*, Castermann, 1823. —1 vol.
  in-8º. Planches.

251 Le floriste françois traittant de l'origine des tulipes. De
  l'ordre qu'on doit obseruer pour les cultiuer et plan-
  ter. Comme la nature leur donne la diversité des couleurs. Du moyen de les faire embellir. Et de leur
  maladies et remedes. Auec un catalogue du nom des
  tulipes et distinctions de leurs couleurs. Par le sieur
  DE LA CHESNEE MOUSTEREVL. *Caen*, Mangeant, 1554.
  — 1 vol. in-12.

252 Traité des œillets, par l'auteur du traité des jacintes.
  Avignon, Chambeau, 1762. — 1 vol. in-18.

253 Dictionnaire des jardiniers, contenant les méthodes les
  plus sûres et les plus modernes pour cultiver et amé-
  liorer les jardins potagers, à fruits, à fleurs et les
  pépinières, ainsi que pour réformer les anciennes
  pratiques d'agriculture, avec des moyens nouveaux
  de faire et conserver le vin, etc. Ouvrage traduit de
  l'anglois, sur la 8e édition de *Philippe* MILLER. Par
  une Société de gens de lettres. *Paris*, Guillot, 1785.
  — 8 vol. in-4º.

254 Le bon jardinier, almanach pour l'an dixième de la
  République française contenant ce qui concerne la
  culture générale de toutes les plantes potagères, des
  arbres fruitiers de toute espèce; oignons et plantes,
  fleurs, même les plus rares, et des arbres et arbrisseaux d'ornement. Nouvelle édition; par *Th.-Fr.* DE
  GRACE, cultivateur. Augmentée de l'introduction à la

connaissance des plantes, du C. VERDIER, médecin.
Paris, Onfroy. — 1 vol. in-18.

255 Taille raisonnée des arbres fruitiers et autres opérations relatives à leur culture, démontrées clairement
par des raisons physiques tirées de leur différente
nature, et de leur manière de végéter et de fructifier.
12ᵉ édition. Par *C.* BUTRET. *Paris*, Marchant, 1807.
— 1 vol. in-12.

256 Notice sur un nouveau genre de plantes : Hulthemia ;
précédée d'un aperçu sur la classification des roses,
par *B.-C.* DUMORTIER. *Tournay*, Casterman, 1824.
— in-8° de 14 p.

257 Le bon jardinier, almanach pour l'année 1824, contenant des préceptes généraux de culture; l'indication,
mois par mois, des travaux à faire dans les jardins ;
la description, l'histoire et la culture particulière de
toutes les plantes potagères, économiques ou em-
ployées dans les arts, et de celles propres aux four-
rages ; des arbres fruitiers de toute espèce, avec la
manière de les bien conduire, et l'indication des
meilleurs fruits, etc., etc. Par MM. VILMORIN, mar-
chand grainier du roi, et NOISETTE, membre des
Sociétés horticulturales de Londres, etc. *Paris*, Audot,
1824. — 1 vol. in-12.

258 Le jardinier-amateur ou l'horticulteur français, traité
complet, théorique et pratique du jardinage, divisé
en huit livres ; par M. PIROLLE, cultivateur-amateur,
et ancien rédacteur du *Bon Jardinier*. Ouvrage orné de

planches. Année agricole 1824-1825. *Paris*, Renard,
1826. — 1 vol. in-12.

Le Jardinier-Amateur, etc. 1ᵉʳ supplément par le même,
année 1826-1827. *Paris*, Renard. — 1 vol. in-12.

Le Jardinier-Amateur, etc. 2ᵉ supplément. Par le même,
année 1827-1828. *Paris*, Renard. — 1 vol. in-12.

259 System der Garten-Nelke (système des œillets des
jardins) gestützt auf das allgemein geltende Weis-
mantelsche Nelken-system. *Berlin*, 1827. — 1 vol.
in-8°. Planches.

260 Cours théorique et pratique de la taille des arbres
fruitiers, par M. Dalbret, membre de la Société
d'agronomie pratique, etc. Avec 8 planches gravées.
Paris, Rousselon, 1829. — 1 vol. in-8°.

261 Annales des Jardiniers-Amateurs, suite aux annales de
la Société d'agronomie pratique. Novembre, 1832. —
Paris, Renard. — in-8°.

262 Méthode de la culture du melon en pleine terre, sans
couche, sans cloche ou avec cloche, telle qu'on la
pratique dans la vallée d'Orbec. par *J.-F.* Noget.
Falaise, Brée, 1832. — 1 vol. in-8°.

263 Arbres fruitiers, leur culture en Belgique et leur propagation par la graine, ou Pomonomie belge, expéri-
mentale et raisonnée. On y a joint le catalogue des-
criptif abrégé des bons fruits nouveaux procréés et
cultivés à la pépinière d'expérience de l'auteur à Louvain. Par *J.-B.* Van Mons, des Sociétés d'horticul-

ture de Londres, Massachusett ét Paris, et de la Société pomologique d'Altenbourg. *Louvain*, Dusart, 1835. — 2 vol. in-8º.

264 Journal d'horticulture pratique ou guide des amateurs et jardiniers. Edit. belge, publiée sous la direction de M. SCHEIDWEILER, professeur. 2ᵉ année, numéro 1. *Bruxelles*, Deprez-Parent, 1844. — in-12 (3 exemplaires).

265 Etudes des rosiers et en particulier des rosiers sur tiges, par le docteur MÉRAT. *Paris*, Bouchard, 1849. — in-8º de 24 p.

266 Connaissance et culture parfaite des belles fleurs. (Manque le titre). — 1 vol. in-18.

3. PLANTES PHANÉROGAMES.

§ 1. DICTIONNAIRES. —
DICOTYLEDONÉES. — MONOCOTYLEDONÉES. — HERBIERS.

267 Nomenclator botanicus enumerans ordine alphabetico nomina atque synonyma tum generica tum specifica et a Linnæo et recentioribus de re Botanica scriptoribus plantis phanerogamis imposita. Auctore *Ernesto* STEUDEL, méd. doct. *Stuttgardtiæ* et *Tubingæ*, Cotta, 1821. — 2 vol. in-8º.

268 Notice sur la culture de l'indigotier en Espagne, et sur la fabrication de l'indigo, au moyen d'une macération

à froid; par M. *Léon* Dufour. *Paris*, Huzard, 1817.
— in-8° de 16 p.

269 Verhandeling over het geslacht der Wilgen (Salix) en
de natuurlijke familie der amentaceæ; door *B.-C.*
Dumortier, *Doornik*. 1825. — in-8° de 20 p.

  Cette notice se trouve aussi dans le vol. de *Mélanges de Botanique* repris sous le
n° 140.

270 Notice sur une nouvelle espèce d'épilobe voisine de
l'epilobium angustissimum et rosmarinifolium par
G-.D. Westendorp. *Bruxelles*, Hayez, 1836. — in-8°.
de 6 p.

271 Notice sur le genre Dionæa, par *B.-C.* Dumortier.
Bruxelles, Hayez, 1837. — in-8° de 8 p.

272 Mémoire sur la famille des primulacées par *J.-E.* Duby.
Genève. Fick, 1844. — 1 vol. in-4°. 4 pl.

273 Observations sur les Ulex des environs de Cherbourg,
par *A.* le Jolis, *Cherbourg*, Lecauf, 1853. — in-8° de
19 pages.

274 Essai monographique sur le châtaignier, par *Edouard*
Lamy. *Limoges*, Chapoulaud, 1860. — in-8° de 66 p.

275 Recherches organogéniques sur la fleur femelle des
conifères. — Mémoire présenté à l'Académie des
sciences, dans sa séance du 30 avril 1860. — in-8°
Planche.

276 *Georgii Ludovici* Kœleri, professoris historiæ naturalis
in universitate Moguntina, Descriptio graminum in
Gallia et Germania tam sponte nascentium quam

humana industria copiosius provenientium. *Franco-furti ad Mœnum*, Varrentrapp, 1802. — 1 vol. in-12.

277 Histoire des carex ou laiches contenant la description et les figures coloriées de toutes les espcèes connues et d'un grand nombre d'espèces nouvelles. Par *Chrétien* SCHKUHR. Traduit de l'allemand et augmentée par *G.-F.* DELAVIGNE. Avec le portrait de l'auteur. *Leipsig*, Voss, 1802. — 1 vol. in-8°.

278 Ricerche sulla struttura del caule nelle piante monoco-tiledoni di *Giuseppe* MENEGHINI, dottore in medicina e chirurgia. *Padova*, 1836.— 1 vol. pet. in-fol. pl.

279 Note sur une nouvelle espèce de Vanille, par *F.-L.* SPLITGERBER. — in-8° de 6 p.

Extrait des *Annales des sciences naturelles*, 1841.

280 Mémoire sur l'introduction et la floraison à Cherbourg d'une espèce peu connue de lin de la Nouvelle-Zélande et revue des plantes connues sous le nom de *Phormium tenax*, par *A.* LE JOLIS. *Cherbourg*, Thomine, 1848. — in-8° de 29 p.

281 Nouveau mémoire sur la question relative aux *Ægilops triticoides* et *speltæformis*, par *Alexis* JORDAN. *Paris*, Baillière, 1857. — 1 vol. in-8°. 1 pl.

282 Notice sur l'agave americana, suivie de la description de quelques plantes nouvelles ou peu connues, par *A.* BOREAU, directeur du jardin botanique d'Angers, etc. — in-8° de 24 p.

283 Collection de plantes phanérogames desséchées.

4. PLANTES CRYPTOGAMES.

I. GÉNÉRALITÉS SUR LES CRYPTOGAMES.

1. ORGANOGRAPHIE ET PHYSIOLOGIE; TRAITÉS, MÉTHODES, SYSTÈMES, CLASSIFICATIONS.

284 Note sur l'appareil reproducteur dans les lichens et les champignons; par *L.-R.* TULASNE. — Br. in-4° de 10 p.

Extrait des *Comptes-rendus des séances de l'Académie des sciences.*, t. XXXII, 1851.

285 Recherches sur les zoospores des algues et des anthéridies des cryptogames, par G. THURET. *Paris*, V. Masson, 1851. — 1 vol. in-8°, pl.

286 Concordance des figures de plantes cryptogames de DILLEN, MICHELI, TOURNEFORT, VAILLANT et BULLIARD, avec la nomenclature de DE CANDOLLE, SMITH, ACHAR, et PERSOON; par MM. LE TURQUIER et LEVIEUX. *Rouen*, Periaux, 1820. — 1 vol. in-8°.

287 *Caroli* LINNÆI systema vegetabilium. Editio decima sexta; curante *Curtio* SPRENGEL, voluminis IV, pars I, classis 24. *Gottingæ*, Dieterich, 1827. — 1 vol. in-8°.

288 Les cryptogames classés d'après leurs stations naturelles, par *G.-D.* WESTENDORP, médecin au 12° régiment de ligne, membre de plusieurs Sociétés savantes,

nationales et étrangères. *Gand,* van Doosselaere, 1854. — 1 vol. in-18.

289 Rapport fait par M. le professeur Kickx, sur un mémoire de M. Westendorp, intitulé : *Essai d'une classification des cryptogames d'après leurs stations.* — Br. in-8º de 5 p.

Extrait des *Mémoires de l'Académie royale de Belgique,* t. XIII.

290 Cursus der cryptogamenkunde für realschulen und hohere Bildungsanstalten, sowie zum Privat–Studium mit Beispielen in natürlichen exemplaren; oder Text zur kryptogamen sammlung für schule und Haus; von Dr *L.* Rabenhorst. *Dresden,* Heinrich, 1855. — 1 vol. in-8º.

291 Sylloge generum specierumque cryptogamarum quas in variis operibus descriptas iconibusque illustratas, nunc ad diagnosim reductas, nonnullasque novas interjectas, ordini systematico disposuit *J.-F.-Cam.* Montagne Academiæ scientiarum Instituti imperialis Gallici, Societatumque imperialum Agriculturæ et Botanices socius. *Paris,* Baillière, 1856. — 1 vol. in-8º.

2. FLORES LOCALES.

292 *Jacobi* Dickson fasciculus plantarum cryptogamicarum Britanniæ. *Londini,* Nicol, 1785. — 1 vol. in-4º. fig.

293 Deutschlands Flora oder botanisches Taschenbuch. Zweiter Theil für das Jahr 1795, Cryptogamie, von *Georg Franz* Hoffmann. *Erlangen,* Palm. — 1 vol. in-18. fig.

294 Voyage autour du monde, exécuté par ordre du roi, sur la corvette de Sa Majesté, *la Coquille*, pendant les années 1822-1825; par *L.-I.* Duperrey, capitaine de frégate. Botanique, par MM. d'Urville, second de l'expédition, Bory de Saint-Vincent et *Ad.* Brongniart. *Cryptogamie*, par M. Bory de Saint-Vincent. *Paris*, Arthus Bertrand, 1828. — 1 vol. in-4° et 1 atlas in-f°.

295 Plantæ cryptogamicæ quas in Arduenna collegit *M.-A.* Libert, plur. Soc. litterar. sodalis. Fascic. I ad. IV. *Leodii*, Desaer, 1830 — 1837. — 4 vol. in-4°.

296 Flora cryptogamica Germaniæ auctore *Fred. Guil.* Wallrothio, medicinæ et chirurgiæ doctore, etc. *Norimbergæ*, Schrag, 1831. — 2 vol. in-12.

297 The english Flora of sir *James-Edward* Smith. V^e volume, Cryptogamia; 1 part comprising mosses, hepaticæ, lichens, characeæ and algæ, by *William* Jackson Hooker, regius professor of botany en the university of Glascow. *London*, Longman, 1833. — 1 vol. in-8°.

298 Matériaux pour servir à la Flore de Barbarie. Deuxième article. Notice sur les cryptogames recueillies aux environs de Bone; par *Ad.* Steinheil.— Br. in-8° de 8 pages.

Extrait des *Annales des sciences naturelles*, IIe série 1834.

299 Flore cryptogamique des environs de Louvain, ou description des plantes cryptogames et agames qui croissent dans le Brabant et dans une partie de la province d'Anvers, par *J.* Kickx, docteur en sciences

physiques et mathématiques et en pharmacie, etc. *Bruxelles*, Vandooren, 1835. — 1 vol. in-12.

300 Prodromus Floræ Fernandesianæ. Pars prima, sistens enumerationem cellularium quas in insula Juan Fernandez a Cl. Bertero collectas describi edique curavit *C.* Montagne, D.-M. — Br. in-8° de 25 p.

Extrait des *Annales des sciences naturelles*, juin, 1835.

301 Centuria secunda plantarum cryptogamarum norvegicarum quas collegit ediditque *S. Chr.* Sommerfelt. *Christianiæ*, 1836. — 2 vol. in-4°.

302 Cryptogamæ Brasilienses seu plantæ cellulares quas in itinere per Brasiliam a celeb. *Augusto* de Saint-Hilaire collectas recensuit observationesque nonnullis illustravit, *C.* Montagne. — Br. in-8° de 14 p. et 1 planche.

Extrait des *Annales des sciences naturelles*, 1839.

303 Cryptogames algériennes, ou plantes cellulaires recueillies par M. Roussel aux environs d'Alger, et publiées par *C.* Montagne. — Br. in-8° de 23 p. et 2 pl.

Extrait des *Annales des sciences naturelles*, 1838.

304 Præmissa in Floram cryptogamicam Javæ insulæ, Fasc. I. auctore *F.* Iunghuhnio, Batavia, 1838. Analysé par *C.* Montagne. — Br. in-8° de 15 p.

Extrait des *Annales des sciences naturelles*, 1841.

305 Cryptogamæ Nilgherienses seu Plantarum cellularium in montibus peninsulæ Indicæ *Neel-Gherries* dictis a

Cl. PERROTTET collectarum enumeratio, auctore *C.*
MONTAGNE. — Br. in-8° de 26 p.

Extrait des *Annales des sciences naturelles*, 1842.

306 Exploration scientifique de l'Algérie pendant les années
      1840, 1841, 1842, publiée par ordre du gouvernement
      et avec le concours d'une commission académique.
      Sciences physiques. Botanique, par MM. BORY DE
      SAINT-VINCENT et DURIEUX DE MAISONNEUVE. *Paris*,
      imprimerie nationale, 1849. — 1 vol. in-4°.

307 Recherches pour servir à la Flore cryptogamique des
      Flandres ; par *J.* KICKX, professeur de botanique à
      l'Université de Gand. *Bruxelles*, Hayez, 1840-1855.
      — 1 vol. in-4°. Ouvrage complet.

307 bis. Recherches pour servir à la Flore cryptogamique
      des Flandres , par *J.* KICKX, professeur de botanique
      à l'Université de Gand. 4ᵉ centurie. *Bruxelles*, Hayez,
      1849. — 1 vol. in-4°.

307 ter. Recherches pour servir à la Flore cryptogamique
      des Flandres, par *J.* KICKX. Cinquième centurie.
      Bruxelles, Hayez, 1855.— 1 vol. in-4° et un atlas.

308 Simple aperçu sur les plantes cryptogames et agames du
      département de la Haute-Vienne, par M. *Edouard*
      LAMY. *Limoges*, Chapoulaud, 1860. — Br. in-8° de
      41 pages.

3. NOTICES ET OBSERVATIONS.

309 *D. Georg. Franc.* HOFFMANN vegetabilia cryptogama,
      1787. — 1 vol. in-4°, pl.

310 Notice sur quelques cryptogames nouvellement découvertes en France. Par *J.-B.-H.-J.* DESMAZIÈRES. —
Br. in-8º de 11 p. et 2 pl.

Extrait des *Annales des sciences naturelles*, 1837.

311 Observations botaniques et zoologiques ; par *J.-B.-H.-J.*
DESMAZIÈRES. *Lille*, Leleux, 1825, — 1 vol. in-8º.

312 Iconographie de deux plantes cryptogames à ajouter à
la Flore française; par *J.* DESMAZIÈRES.— Br. in-8º de
4 p. et 1 pl.

Extrait des *Annales des sciences naturelles*, 1830.

313 Notice sur quelques cryptogames récemment découvertes
en France et qui seront données en nature dans la
collection publiée par l'auteur *J.-B.-H.-J.* DESMAZIÈRES.
— Br. in-8º de 10 p.

Extrait des *Mémoires de la Société royale des sciences, de l'agriculture et des arts*
de Lille.

314 Observations cryptogamiques, extraites du fascicule VII
des plantes cryptogames du nord de la France (1828),
par l'auteur, *J.-B.-H.-J.* DESMAZIÈRES. *Lille*, Danel.—
Br. in-8º de 10 p. et 1 pl.

315 Observations cryptogamiques et zoologiques sur quel-
ques-unes des productions qui seront publiées dans le
fascicule X des plantes cryptogames du nord de la
France, par l'auteur *J.-B.-H.-J.* DESMAZIÈRES, 1830.
— Br. in-8º de 15 p.

316 Description de quelques espèces nouvelles à ajouter

à la Flore française et remarques sur plusieurs
autres qui sont publiées dans les fascicules XIV,
XV et XVI des plantes cryptogames de France;
par *J.-B.-H.-J.* DESMAZIÈRES. — Br. in-8ᶜ de
19 p.

Extrait des *Mémoires de la Société royale des sciences de Lille.*

317 Description de plusieurs espèces nouvelles, et remarques
sur quelques autres qui seront publiées, en nature,
dans le fascicule XVII des plantes cryptogames de
France et dans le fascicule Iᵉʳ de la 2ᵉ édition de cet
ouvrage ; par l'auteur, *J.-B.-H.-J.* DESMAZIÈRES. —
Br. in-8° de 15 p. et 3 pl.

318 Huitième notice sur quelques plantes cryptogames, la
plupart inédites, récemment découvertes en France, et
qui vont paraître en nature dans la collection publiée
par l'auteur. *J.-B.-H.-J.* DESMAZIÈRES. — Br. in-8°
de 18 p.

Extrait des *Annales des sciences naturelles*, 1841.

319 Neuvième notice sur quelques plantes cryptogames, la
plupart inédites, récemment découvertes en France,
et qui vont paraître en nature dans la collection
publiée par l'auteur *J.-B.-H.-J.* DESMAZIÈRES. — Br.
in-8° de 28 p. et 1 pl.

Extrait des *Annales des sciences naturelles*, 1843.

320 Dixième notice sur quelques plantes cryptogames, la
plupart inédites, récemment découvertes en France,
et qui vont paraître en nature dans la collection publiée

par l'auteur *J.-B.-H.-J.* DESMAZIÈRES. — Br. in-8° de 38 pages.

Extrait des *Annales des sciences naturelles*, 1843.

321 Onzième notice sur quelques plantes cryptogames récemment découvertes en France, et qui vont paraître en nature dans la collection publiée par l'auteur, *J.-B.-H.* DESMAZIÈRES. — Br. in-8°.

Extrait des *Annales des sciences naturelles*, 1845.

322 Douzième notice sur les plantes cryptogames de France. Observation sur les *Sphœria arundinacea,* Sow. et Godini, Nob.; par *J.-B.-H.-J.* DESMAZIÈRES. — Br. in-8°.

Extrait des *Annales des sciences naturelles*, 1846.

323 Treizième notice sur les cryptogames récemment découvertes en France, et qui vont paraître en nature dans la collection publiée par l'auteur, *J.-B.-H.-J.* DESMAZIÈRES. — Br. in-8°.

Extrait des *Annales des sciences naturelles*, juillet 1846.

324 Quatorzième notice sur les plantes cryptogames récemment découvertes en France; par *J.-B.-H.-J.* DESMAZIÈRES. — Br. in-8°.

Extrait des *Annales des sciences naturelles*, t. VIII.

325 Quinzième notice sur les plantes cryptogames de France; par *J.-B.-H.-J.* DESMAZIÈRES. — Br. in-8°.

Extrait des *Annales des sciences naturelles*.

326 Seizième notice sur les plantes cryptogames récemment

découvertes en France; par *J.-B.-H.-J.* DESMAZIÈRES.
— Br. in-8°.

Extrait des *Annales des sciences naturelles.*

327 Dix-septième notice sur les plantes cryptogames récemment découvertes en France; par M. *J.-B.-H.-J.*
DESMAZIÈRES. — Br. in-8° de 39 p.

Extrait des *Annales des sciences naturelles*, t. XI.

328 Dix-huitième notice sur les plantes cryptogames récemment découvertes en France, par *J.-B.-H.-J.* DESMA-
ZIÈRES. — Br. in-8° de 12 p.

Extrait des *Annales des sciences naturelles*, t. XIV.

329 Dix-neuvième notice sur les plantes cryptogames, récemment découvertes en France, par *J.-B.-H.-J.* DES-
MAZIÈRES. — Br. in-8° de 35 p.

Extrait des *Annales des sciences naturelles*, t. XVI.

330 Vingtième notice sur les plantes cryptogames récemment découvertes en France; par *J.-B.-H.-J.* DESMA-
ZIÈRES. — Br. in-8° de 21 p.

Extrait des *Annales des sciences naturelles,* t. XVIII.

331 Vingt-deuxième notice sur les plantes cryptogames récemment découvertes en France, par *J.-B.-H.-J.* DES-
MAZIÈRES. — Br. in-8° de 23 p.

Extrait des *Annales des sciences naturelles*, t. XX.

332 Vingt-troisième notice sur les plantes cryptogames, récemment découvertes en France, par M. *J.-B.-H.-J.*
DESMAZIÈRES. — Br. in-8° de 10 p.

Extrait des *Annales des sciences naturelles*, 4e série, t. IV.

333 Vingt-quatrième notice sur les plantes cryptogames, récemment découvertes en France ; par *J.-B.-H.-J.*
DESMAZIÈRES. — Br. in-8° de 23 p.

Extrait du *Bulletin de la Société botanique de France* , 1857.

334 Notice sur les plantes cryptogames à ajouter à la Flore
française, par *C.* MONTAGNE. *Paris*, Renouard, 1833.
— 1 vol. in-8°, 3 pl.

335 Notice sur les plantes cryptogames récemment découvertes en France, contenant aussi l'indication précise
des localités de quelques espèces les plus rares de la
Flore française ; par *C.* MONTAGNE. — Br. in-8° de
32 p. et 2 pl.

Extrait des *Annales des sciences naturelles*, 1836.

336 Notice sur les plantes cryptogames récemment découvertes en France, contenant aussi l'indication précise
des localités de quelques espèces les plus rares de la
Flore française, par *C.* MONTAGNE. — Br. in-8° de
19 p., pl.

Extrait des *Annales des sciences naturelles*, 1837.

4. HERBIERS NATURELS ET ARTIFICIELS.

337 Description de plusieurs nouvelles espèces de cryptogames découvertes par M. Gaudichaud, dans l'Amé-
rique méridionale; par *C.* MONTAGNE. — Br. in-8° de
7 p. et 1 pl.

Extrait des *Annales des sciences naturelles*, t. II.

338 Description de quelques cryptogames inédites ou nou-

velles pour la Flore des deux Flandres, par WESTEN-
DORP, médecin de l'hôpital de Bruges. — Br. in-8°
de 20 p.

Extrait des *Mémoires de l'Académie royale de Bruxelles*, t. II.

339 Notice sur quelques cryptogames inédites ou nouvelles
pour la Flore belge; par WESTENDORP.— Br. in-8° de
40 p. et 1 pl.

340 Nouvelle notice sur quelques cryptogames récemment
découvertes en Belgique; par WESTENDORP. — Br.
in-8° de 29 p. et 1 pl.

341 Quatrième notice de quelques cryptogames récemment
découvertes en Belgique ; par WESTENDORP. — Br.
in-8° de 21 p.

342 Sixième notice sur quelques cryptogames inédites ou
nouvelles pour la Flore belge ; par WESTENDORP. —
Br. in-8° de 24 p. et 1 pl.

343 Septième notice sur quelques cryptogames inédites ou
nouvelles pour la Flore belge; par WESTENDORP.—Br.
in-8° de 21 p. et 1 pl.

344 Rapport de M. KICKX sur un mémoire de M. Westendorp, concernant quelques cryptogames nouvelles pour
la Flore belge. — Br. in-8° de 4 p.

344 bis. Rapport sur une notice de M. Westendorp, concernant quelques cryptogames des Flandres ; par
M. KICKX. — Br. in-8° de 3 p.

Extrait des *Mémoires de l'Académie royale de Bruxelles*, t. XII.

345 Notice sur quelques cryptogames critiques de la Flore belge; par *Eugène* COEMANS. *Bruxelles*, Hayez, 1858. — Br. in-8° de 24 p.

346 Hedwigia. Ein Notizblatt für kryptogamische studien. Redigirt von Dr *L.* RABENHORST. Erster Band. nr. 1-20. tab. 1 — XVII. *Dresden*, Heinrich, 1852-1857. — 1 vol. in-8°.

347 English botany; or, coloured figures of british plants, with their essential characters, synonyms, and places of crowth. To which will be added, occasional remarks. By *James* SOWERBY, F. L. S. *London*, J. Davis, 1790. — 9 vol. in-8° et 1 vol. de supplément.

Nous transcrivons une note placée par M. Desmazières, sur la garde du premier volume. Elle explique pourquoi ce magnifique ouvrage est incomplet.

« Les planches de ce bel ouvrage ne se suivent pas numériquement, parce qu'il ne renferme que les plantes cryptogames. L'ouvrage entier forme 20 volumes et coûte, pris chez la veuve de l'auteur, 46 livres sterl. et son supplément, comprenant 274 planches, 8 livres sterl. total 54 livres sterl.

« C'est pour m'obliger que madame Sowerby, à qui j'ai acheté ces 9 volumes, a bien voulu me vendre la cryptogamie seulement; les huit premiers volumes contiennent 1142 planches, et le 9e, ou supplément, 102. Total 1244.

« Cette collection considérable me coûte l. 22, 11 sh. sterl. ou francs 576, 15 c.

« *Lambersart, près Lille, 26 septembre 1842,*

« H. DESMAZIÈRES. »

348 Stirpes cryptogamæ Vogeso-Rhenanæ; quas in Rheni Superioris Inferiorisque, necnon Vogesorum præfecturis colligerunt *J.-B.* MOUGEOT, brueriensis M. D. et *C.* NESTLER, argentinensis phar. Fasc. I ad fasc. XV. *Bruyerii Vogesorum*, Vivot, 1810-1860.— 15 vol. in-4°, plus un volume formant catalogue. Le dernier volume est précédé du portrait de l'auteur.

349 Herbier cryptogamique ou collection des plantes crypto-
games et agames qui croissent en Belgique, par *G.-D.*
WESTENDORP, médecin attaché à l'hôpital militaire de
Bruges, etc. et *A.-C.-F.* WALLAYS, médecin vétéri-
naire du gouvernement à Courtrai. Fascicules 1 à 14.
Bruges, de Pachtere, 1845-1852. — 12 vol. in-4°.

5. PHÉNOMÈNES PRODUITS PAR LES CRYPTOGAMES SUR LES ANIMAUX.

350 Histoire naturelle des végétaux parasites qui croissent
sur l'homme et sur les animaux vivants, par *Charles*
ROBIN, docteur en médecine et docteur ès-sciences
naturelles, etc., avec un atlas de 15 planches gravées,
en partie coloriées. *Paris*, Baillière, 1853. — 1 vol.
in-8° de texte, et 1 vol. de pl.

6. PHÉNOMÈNES PRODUITS PAR LES CRYPTOGAMES SUR LES PHANÉROGAMES.

351 Maladie des pommes de terre. *Paris*, N. Chaix, 1853.—
— Br. in-4° de 12 p.

352 Concours sur la maladie des pommes de terre. Rapport
de MM. SPRING, *Ch.* MORREN et KICKX. — Br. in-8°
de 28 p.

Extrait des *Mémoires de l'Académie royale de Belgique*, t. XVII.

353 Notice sur la maladie de la vigne et les altérations de
divers végétaux. Par V. CHATEL, 1855. — Br. in-8°
de 16 p.

354 Coup d'œil rapide sur l'état actuel de la question relative à la maladie de la vigne. *Paris*, Thunot 1853. — Br. in-8° de 29 p.

355 Maladie des pommes de terre ; par *V.* CHATEL, 1853. — Br. in-8° de 14 p.

356 Les maladies des pommes de terre, des betteraves, des blés et des vignes de 1845 à 1853, avec l'indication des meilleurs moyens à employer pour les combattre; par *A.* PAYEN. *Paris*, Hachette, 1853. — 1 vol. in-16, 3 planches.

357 Mémoire sur l'ergot du seigle et sur quelques agames qui vivent parasites sur les épis de cette céréale, par *A.-L.-A.* FÉE. 1er mémoire. *Strasbourg*, Berger-Levrault, 1843. — 1 vol. in-4°, 2 pl.

358 Nouvelles observations sur la culture et la maladie de la pomme de terre. Résultat de l'enquête ouverte en 1853 par l'auteur de ce mémoire ; par *V.* CHATEL. — Br. in-8° de 36 p.

359 De la nature de l'ergot des graminées, par *Ed.* BORNET. *Cherbourg*, Lecauf. 1853. — Br. in-8° de 8 p.

360 Essai sur les cryptogames des écorces exotiques officinales, précédé d'une méthode lichenographique, et d'un *Genera*, avec des considérations sur la reproduction des agames ; orné de planches coloriées, donnant plus de 130 figures de plantes cryptogames nouvelles; par *A.-L.-A.* FÉE. *Paris*, F. Didot, 1824. — 1 vol. in-4°.

361 Essai sur les cryptogames des écorces exotiques officinales. Deuxième partie. Supplément et révision. Par
A.-L.-A. Fée, professeur de botanique à la Faculté de
médecine de Strasbourg, etc. *Paris*, F. Didot, 1837.
— 1 vol. in-8°.

362 Lettre sur la maladie de la betterave, par M. Desmazières. 17 août 1854. — Br. in-8° de 7 p.

363 Maladies des végétaux. Par *V.* Chatel. *Caen*, Pagny,
1856. — Br. in-8° de 13 p.

364 Lettre sur l'ergot par *J.-B.-H.-J.* Desmazières. 17 octobre
1856. — Br. in-8° de 11 p.

365 Mémoire sur la maladie de la vigne, par M. Maris, se-
crétaire de la Société d'agriculture de Montpellier.
Paris, Bouchard - Huzard, 1856. — 1 vol. in-8°
avec 2 pl.

366 Communication du Dr Montagne relative à plusieurs
maladies de plantes économiques et potagères et botaniques sur le blanc de la vigne et du houblon *Paris*,
Bouchard-Huzard, 1857. — Br. in-8° de 26 p. et
2 planches.

Extrait des *Mémoires de la Société impériale et centrale d'agriculture*, 1856.

367 Rapport sur quelques végétaux malades, par *C.* Montagne. — Br. in-8° de 4 p.

Extrait du *Bulletin des séances de la Société impériale et centrale d'agriculture*.
t. IX.

368 Lettre sur la rouille des épis de blé, par *H.* Desmazières.
— Br. in-8° de 4 p.

369 Rapport sur une communication de M. Vitard relative à une maladie qu'il croit propre au blé d'Australie, par le Dʳ MONTAGNE. — Br. in-8º de 7 p.

Extrait des *Mémoires de la Société impériale et centrale d'agriculture.*

370 Nouvelles instructions pour la plantation des pommes de terre en février comme moyen d'obtenir des récoltes exemptes de la maladie, alors même qu'elle aurait frappé les feuilles et les tiges ; par *V.* CHATEL. — Br. in-8º de 8 p.

371 Second mémoire sur la maladie des raisins par *Hugo* MOHL, 2ᵉ article, traduit de l'allemand par M. *C.* MONTAGNE. — Br. in-8º de 14 p. et une pl.

Extrait des *Mémoires de la Société impériale et centrale d'agriculture.*

372 Maladie de la vigne. — Du cerisier. — Du noyer. — Du mûrier. — Du pêcher. — Du fraisier. — Du poirier. — Du pommier. — De la pomme de terre. Par *V.* CHATEL. *Caen*, Poisson, 1854. — Br. in-8º de 12 p.

373 Rapport sur un mémoire de M. Loiset relatif à une maladie du lin cultivé, fait au nom de la section des cultures spéciales. Par *C.* MONTAGNE. — Br. in-8º de 7 pages.

Extrait des *Mémoires de la Société impériale et centrale d'agriculture.*

374 Communication sur la maladie du lin, par M. LOISET ; suivi d'une lettre sur le même sujet, par *H.* DESMAZIÈRES. *Lille*, Lefebvre-Ducrocq, 1854. — Br. in-8º de 9 p.

Extrait des *Archives de l'agriculture du nord de la France.*

375 Rapport sur une maladie des feuillès de mûriers; par
    MM. ROBINET et MONTAGNE, rapporteurs. — Br. in-8°
    de 8 p.

Extrait des *Mémoires de l'Académie impériale et centrale d'agriculture.*

376 Observations microscopiques sur le blanc du rosier,
    Oidium leuconium Desmaz. Par *J.* DESMAZIÈRES. —
    Br. in-8° 1 pl.

Extrait des *Annales des sciences naturelles*, 1829.

376 bis. *Même notice.*

377 Etude micrographique de la maladie du safran, connue
    sous le nom de *Tacon*, mémoire lu à la Société de bio-
    logie, par *C.* MONTAGNE. — Br. in-8° de 8 p.

7. CATALOGUES; BIBLIOGRAPHIE RELATIVE AUX CRYPTOGAMES.

378 Nomencelator botanicus, enumerans ordine alphabetico
    nomina atque synonyma, tum genera, tum specifica et,
    a Linnæo et recentioribus de re botanica scriptoribus,
    plantis cryptogamis imposita. Auctore *Ernesto* STENDEL.
    Stuttgartiæ et *Tubingæ*, Cotta, 1824.— 1 vol. in-8°.

379 Index alphabeticus generum, specierum et synonymorum
    in *J.-B.* MOUGEOT, *C.* NESTLER et *W.-P.* SCHIMPER
    stirpibus cryptogamis Vogeso-Rhenanis, a fasciculo
    primo ad duodecimum usque enumeratorum. *Bruyerii
    Vogesorum*, 1845. — 1 vol. in-4°.

380 Herbier cryptogamique ou collection de plantes crypto-
    games et agames qui croissent en Belgique ; par *G.-D.*

WESTENDORP et *A.-C.* WALLAYS. *Courtrai*, Jaspin, 1850. — Br. in-4°.

381 Revue dés principales publications relatives aux cryptogames qui ont paru en 1851 et 1852 par *J.-E.* DUBY. *Genève*, Ramboz, 1853. — Br. in-8° de 22 p.

382 Revue des principales publications relatives aux cryptogames qui ont paru en 1853 et 1854 ; par *J.-E.* DUBY. *Genève*, Ramboz, 1855. — Br. in-8° de 39 p.

383 Esquisse des progrès de la cryptogamie pendant les trois dernières années, ou revue des principales publications relatives aux cryptogames qui ont paru en 1855, 1856 et 1857 par M. *J.-E.* DUBY. *Genève*, Ramboz, 1858. — Br. in-8° de 61 p.

II. Cryptogames vasculaires.

1. FAMILLE DES FOUGÈRES.

384 Mémoires sur la famille des fougères. Par *A.-L.-A.* FÉE, professeur de botanique à la Faculté de Strasbourg, etc. Premier mémoire : Examen des bases adoptées dans la classification des fougères et en particulier de la nervation. *Strasbourg*, Berger, 1844. — 1 vol. in-fol.

385 Genera filicum. Exposition des genres de la famille des polypodiacées (classe des fougères). Par *A.-L.-A.* FÉE. *Paris*, Baillière, 1850-1852. — 1 vol. in-4°.

386 *A.-L.-A.* Fée. Mémoires sur la famille des fougères.
3ᵉ mémoire : Histoire des vittariées et des pleurogram-
mées. 4ᵉ mémoire : Histoire des antrophyées. *Paris*,
Baillière. — 1 vol. in-fol.

387 Note sur les anthéridies des fougères; par *G.* Thuret.
— Br. in-8° de 12 p. et 3 pl.

Extrait des *Annales des sciences naturelles*, 1849.

2. CHARACÉES.

388 Mémoire sur la multiplication des chara par division.
Par *C.* Montagne. — Br. in-4° de 4 p.

Extrait des *Comptes-rendus des séances de l'Académie des sciences*, t. XXXVI.
1852.

389 Mémoire sur la multiplication des charagnes par division, par *C.* Montagne. — Br. in-8° de 21 p. et 1 pl.

Extrait des *Annales des sciences naturelles*, t. XVIII.

390 Essai d'une exposition systématique de la famille des
characées, par feu J. Walman. Traduit du suédois par
M. le Dʳ *W.* Nylander. *Bordeaux*, Lafargue, 1856.
— Br. in-8° de 91 p.

391 Die Characeen Europa's in getrockneten Exemplaren.
Unter Mitwirkung mehrerer Freunde der Botanik,
gesammelt und herausgegeben von Prof. Dʳ *A.* Braun
in Berlin, Dʳ *L.* Rabenhorst in Dresden, und Dʳ *E.*
Stizenberger in Constanz. *Dresden*, 1857. 2 fasc.
nʳ 1-50. — 2 vol. in-fol.

III. Cryptogames Cellulaires.

1. TRAITÉS DIVERS.

392 Cryptogamia Guyanensis, seu plantarum cellularium, in Guyana gallica annis 1835-1849 a Cl. Leprieur, collectarum enumeratio universalis, auctore *C.* MONTAGNE. — 5 vol. in-8°. Planches.

Extrait des *Annales des sciences naturelles*, t. III.

393 Centurie des plantes cellulaires exotiques nouvelles, par *C.* MONTAGNE. — Br. in-8° de 46 p.

394 Seconde centurie de plantes cellulaires exotiques nouvelles. Décades I et II. Par *C.* MONTAGNE. — Br. in-8° de 27 p. et 2 pl.

Extrait des *Annales des sciences naturelles*, 1840.

394 bis. Seconde centurie de plantes cellulaires exotiques nouvelles, par *C.* MONTAGNE. Décades VI, VII et VIII. — Br. in-8° avec 2 pl.

Extrait des *Annales des sciences naturelles*, 1840.

394 ter. Deuxième centurie de plantes cellulaires exotiques, par *C.* MONTAGNE. Décade IX. — Br. in-8°.

Extrait des *Annales des sciences naturelles*, 1841.

395 Troisième centurie de plantes exotiques nouvelles, par

C. MONTAGNE.   Décades i, ii, iii et iv. — Br. in-8°
de 10 p.

Extrait des *Annales des sciences naturelles*, 1842.

395 bis. Troisième centurie de plantes cellulaires exotiques
nouvelles, par *C.* MONTAGNE, D. M. Décades v, vi,
vii et viii. — Br. in-8°. Planches.

Extrait des *Annales des sciences naturelles*, 1842.

395 ter. Troisième centurie de plantes cellulaires exotiques
nouvelles, par *C.* MONTAGNE. Décades ix et x. — Br.
in-8°.

Extrait des *Annales des sciences naturelles*, 1843.

396 Quatrième centurie de plantes cellulaires exotiques
nouvelles, par *C.* MONTAGNE, D. M. Décades i-vi. —
Br. in-8° de 31 p. Planches.

Extrait des *Annales des sciences naturelles*, 1843.

396 bis. Quatrième centurie de plantes cellulaires exotiques
nouvelles, par *C.* MONTAGNE. Décade vii. Miscellanea.
—Br. in-8°.

Extrait des *Annales des sciences naturelles*, 1843.

397 Cinquième centurie de plantes cellulaires exotiques
nouvelles, par *C.* MONTAGNE. Décades i à vi. — Br.
in-8° de 38 p. et 1 pl.

Extrait des *Annales des sciences naturelles*, 1843.

397 bis. Cinquième centurie de plantes cellulaires exotiques
nouvelles, par *C.* MONTAGNE. Décades vii à x. — Br.
in-8°, 1 pl.

398 Sixième centurie de plantes cellulaires exotiques nouvelles, par *C.* MONTAGNE. Décades i et ii. — Br. in-8º de 31 p. et 1 pl.

Extrait des *Annales des sciences naturelles*, 3e série, T. X.

398 bis. Sixième centurie de plantes cellulaires nouvelles, tant indigènes qu'exotiques, par *C.* MONTAGNE.

398 ter. Sixième centurie de plantes cellulaires nouvelles, tant indigènes qu'exotiques, par *C.* MONTAGNE. — Br. in-8º.

Extrait des *Annales des sciences naturelles*, 1849.

398 quater. Sixième centurie de plantes cellulaires nouvelles, tant indigènes qu'exotiques, par *C.* MONTAGNE. Décade vii. — Br. in-8º.

Extrait des *Annales des sciences naturelles*, 1849.

399 Septième centurie de plantes cellulaires nouvelles, tant indigènes qu'exotiques, par *C.* MONTAGNE. — Br. in-8º de 42 p.

Extrait des *Annales des sciences naturelles*, 4e série, T. V.

400 Huitième centurie de plantes cellulaires nouvelles, tant indigènes qu'exotiques, par *C.* MONTAGNE. Décades i à iii. — Br. in-8º.

400 bis. Huitième centurie de plantes cellulaires nouvelles, tant indigènes qu'exotiques, par *C.* MONTAGNE. Décades iv et v. — Br. in-8º.

Extrait des *Annales des sciences naturelles*, 4e série, T. VI.

400 ter. Huitième centurie de plantes cellulaires nouvelles,
  tant indigènes qu'exotiques, par *C.* MONTAGNE. Décades VI et VII. — Br. in-8º.

Extrait des *Annales des sciences naturelles*, 4ᵉ série, T. VII.

400 quater. Huitième centurie de plantes cellulaires nouvelles, tant indigènes qu'exotiques, par *C.* MONTA-
  GNE. Décades IX et X. — Br. in-8º.

Extrait des *Annales des sciences naturelles*, 4ᵉ série, T. VI.

401 Neuvième centurie de plantes cellulaires nouvelles, tant
  indigènes qu'exotiques, par *C.* MONTAGNE. Décades
  I et II. — Br. in-8º de 19 p. et 2 pl.

— — —

2. MUSCINÉES.

— — —

a.) FAMILLE DES MOUSSES.

— — —

ORGANOGRAPHIE. — TRAITÉS, MÉTHODES, SYSTÈMES,
CLASSIFICATIONS. — MONOGRAPHIES. — FLORES LOCALES.
HERBIERS NATURELS ET ARTIFICIELS
DES MOUSSES.

402 Considérations générales sur la famille des mousses,
  contenant leur morphologie et leur classification, par
  C. MONTAGNE. *Paris*, Bussy, 1846. — Br. in-8º de
  20 pages.

Extrait du *Dictionnaire universel d'histoire naturelle*.

403 História muscorum; a general history of Land and Water, etc. Mosses and corals, containing all the known species, exhibited by about 1000 figures, on 85 large royal 4° copper plates, collected, drawn and engraved in the best manner from the originals. By the author *John.-Jac.* DILLENSIUS, M. D. *London*, Millan, 1768. — 1 vol. in-4°.

404 Prodrome des cinquième et sixième familles de l'æthéo-gamie. Les mousses. Les lycopodes. Par *A.-M.-F.-J.* PALISOT-BEAUVOIS, associé-correspondant de l'Institut national, etc. *Paris*, Fournier, 1805. — 1 vol. in-8°.

405 Methodus nova muscorum ad naturæ normam melius instituta et muscologiæ recentiorum accomodata a *Sam.-El.-A.* BRIDEL, cum tabulis duabus æneis. *Lipsiæ*, 1822. — 1 vol. in-4°.

406 Bryologia Europæa seu genera muscorum monographice illustrata auctoribus BRUCH et W.-P. SCHIMPER. fasc. I ad LXV. *Stuttgartiæ*, Schweizerbart, 1837-1856. — 6 vol. in-4°.

407 Bryologia Europæa seu genera muscorum Europæorum monographice illustrata, auctoribus BRUCH et SCHIMPER. Fasc. V-IX cum tabulis LIV, genera Mnium et Bryum complectentes. *Stuttgard*, 1838 et 1839. Par *C.* MONTAGNE.

Extrait des *Annales des sciences naturelles*, 1840.

408 Synopsis muscorum Europæorum præmissa introductione de elementis bryologicis tractante. Scripsit *W.-Ph.* SCHIMPER. Accedunt tabulæ VIII, typos

genericos exhibentes et mappa bryogeographica. *Stutt-gartiæ*, Schwéizerbart, 1860. — 1 vol. in-8º.

409 Rapport sur un mémoire pour servir à l'histoire natu-relle des sphaignes, par *W.-P.* SCHIMPER, commis-saires MM. BRONGNIART, TULASNE et MONTAGNE, rap-porteur. — Br. in-4º de 9 p.

Extrait des *Comptes-rendus des séances de l'Académie des sciences*, t. XXXIX. 1854.

410 Monographie du genre Conomitrium, de la famille des mousses. Par *C.* MONTAGNE. — Br. in-8º de 16 p. et 1 pl.

Extrait des *Annales des sciences naturelles*, 1837.

411 Prodromus bryologiæ mediolanensis auctoribus *Josepho* BALSAMO M. D. in lyceis patriis hist. natur. prof. suppl. et *Josepho* DE NOTARIS M. D. *Mediolani*, 1834. — 1 vol. in-8º.

412 Syllabus muscorum in Italia et in insulis circumstan-tibus hucusque cognitorum, auctore *J.* DE NOTARIS, M. D. *Taurini*, 1838. — 1 vol. in-8º.

413 Catalogue des mousses de la Suisse, par *Léo* LESQUE-REUX. — Br. in-4º de 54 p.

414 Mousses de la Normandie recueillies et publiées par *L.-Alphonse* DE BRÉBISSON, membre de plusieurs sociétés savantes. *Falaise*, Brée, 1826. — 8 fascicules in-8º.

b.) FAMILLE DES HÉPATIQUES

ORGANOGRAPHIE. — TRAITÉS, MÉTHODES, SYSTÈMES, CLASSIFICATIONS. — MONOGRAPHIES DIVERSES. — FLORES LOCALES. — HERBIERS NATURELS ET ARTIFICIELS.

415 Des organes mâles du genre Targionia découverts sur une espèce nouvelle du Chili. Par *C.* MONTAGNE. — Br. in-8° de 15 p. et 1 pl.

Extrait des *Annales des sciences naturelles.* 1838.

416 Rapport sur un mémoire concernant les organes mâles du genre *Targionia*, découverts dans une espèce nouvelle du Chili, par *C.* MONTAGNE. (Commissaires, MM. *Ad.* BRONGNIART, DE MIRBEL, rapporteur). — Br. in-4° de 4 p.

Extrait des *Comptes-rendus des séances de l'Académie des sciences,* 1838.

417 Essai d'organographie de la famille des Hépatiques. Par *C.* MONTAGNE. *Paris,* Bussy, 1845. — Br. in-8°. de 15 p.

Extrait du *Dictionnaire universel d'histoire naturelle.*

418 *Joannis* HEDWIG, med. doct., species mvscorvm frondosorvm descriptæ et tabvlis æneis coloratis illustratæ; opvs posthvmvm editum a Friderico SCHWŒGRICHEN, med. et phil. D. *Lipsiæ,* Barth, 1801. — 1 vol. in-4°, planches.

419 *Sam.-El.* a BRIDEL-BRIDERI Bryologia universa, seu systematica ad novam methodum dispositio, historia et
descriptio omnium muscorum frondosorum hucusque
cognitorum cum synonymia ex auctoribus probatissimis, accedunt tabulæ æneæ tredecim. *Lipsiæ,*
Barth, 1826. — 2 vol. in-8°.

420 *Joannis* HEDWIG species muscorum frondosorum descriptæ et tabulis æneis coloratis illustratæ; opus posthumum supplementum I-IV. Scriptum a *Friderico*
SCHWÆGRICHEN, prof. hist. nat. Lipsiensi. *Lipsiæ,*
Barth, 1811-1842. — 4 vol. in-4°.

421 Synopsis muscorum frondosorum omnium hucusque
cognitorum. Auctore Dr *Carolo* MULLER. *Berolini,*
Fœrstner, 1849. — 2 vol. in-8°.

422 Sylloge Jungermannidearum Europæ indigenarum,
earum genera et species systematice complectens.
Auctore *B.-C.* DUMORTIER. *Tornaci Nerviorum,* 1831.
— 1 vol. in-8°.

422 bis. Sylloge Jungermannidearum Europæ indigenarum,
earum genera et species systematice complectens.
Auctore *B.-C.* DUMORTIER. *Tornaci-Nerviorum,* Casterman, 1831. — 1 vol. in-8°.

422 ter. Sylloge Jungermannidearum Europæ indigenarum,
earum genera et species systematice complectens.
Auctore *B.-C.* DUMORTIER. *Tornaci Nerviorum,* Casterman, 1831. — Br. in-8° de 100 p. et 2 pl.

423 Synopsis Jungermanniarum in Germania vicinisque
terris hucusque cognitarum figuris cxvi microscopico-

analyticis illustrata, auctore *Tobia-Philippo* EKART,
philos. doctore. *Coburgi*, Riemann, 1832. — 1 vol.
in-4°.

424 Jungermanicarum Herbarii Montagneani species expo-
suerunt *C.-G.* NEES AB ESENBECK et *C.* MONTAGNE. —
— Br. in-8° de 21 p. avec 2 pl.

Extrait des *Annales des sciences naturelles*, 1836.

425 Sur un nouveau genre de la famille des hépatiques, par
MM. BORY DE SAINT-VINCENT et *C.* MONTAGNE. — Br.
in-4° de 5 p.

Extrait des *Comptes-rendus de l'Académie des Sciences*, 1843.

426 Sur un nouveau genre de la famille des hépatiques; par
MM. BORY DE SAINT-VINCENT et *C.* MONTAGNE. — Br.
in-8° de 15 p.

Extrait des *Annales des sciences naturelles*, 1844.

427 Synopsis hepaticarum. Coniunctis studiis scripserunt et
edi curaverunt *C.-M.* GOTTSCHE, medicinæ atque chirurgiæ doct., *J.-B.-G.* LINDENBERG, J. U. doct., et
C.-G. NEES AB ESENBECK, medic. et philosoph. doct.
Hamburgi, Meissner, 1844. — 1 vol. in-8°.

428 Hepaticologia germanica, oder Beschreibung der deuts-
chen Lebermoose. Im erweiterten Umfange nach
dem jetzigen Stande der Wissenschaft, nebst Erör-
terung der Standörter und ihrer Entdecker, kritisch
und mit erläuternden Anmerkungen bearbeitet von
Dr *J.-W.-P.* HÜBENER. — *Mannheim*, Schwan, 1834.
— 1 vol. in-8°.

429 Deutschlands Lebermoose in getrockneten Exemplaren.
     Herausgegeben von Dr *J.-W.-P.* Hübener und *C.-F.-F.*
     Genth, Lieferung I-V. *Mainz*, Kupferberg, 1836. —
     5 vol. in-8º.

430 Enumération des mousses et des hépatiques recueillies
     par M. Leprieur, dans la Guiane centrale, et descrip-
     tion de plusieurs nouvelles espèces de ces deux fa-
     milles. Par *C.* Montagne. — Br. in-8º de 27 pages,
     planches.

431 Hepaticæ Europææ. Die Lebermoose Europa's unter Mit-
     wirkung mehrerer namhafter Botaniker, gesammelt
     and herausgegeben von Dr *L.* Rabenhorst. Decas
     I-IV. *Dresden*, 1855-1856. — 2 cahiers in-8º.

3. LICHENS.

ORGANOGRAPHIE. — TRAITÉS, MÉTHODES,
SYSTÈMES, CLASSIFICATIONS. — MONOGRAPHIES DIVERSES. —
FLORES LOCALES. — HERBIERS NATURELS ET ARTIFICIELS.—
OBSERVATIONS ET NOTICES.

432 Aperçu morphologique de la famille des lichens, par
     M. *C.* Montagne. *Paris*, 1846. — Br. in-8º de 12 p.

433 Recherches sur la structure du nucléus des genres sphæ-
     roghoron de la famille des lichens, et lichina, de
     celle des byssacées, par *C.* Montagne. — Br. in-8º
     de 11 p. et 1 pl.

434 Recherches sur la structure de l'éphèbe pubescens, suivies de quelques remarques sur la synonymie de cette
plante ; par *Ed.* BORNET. — Br. in-8º de 18 p. et 1 pl.

Extrait des *Annales des sciences naturelles*, T. XVIII.

435 Descriptio et adumbratio plantarum e·classe cryptogamica Linnæi quæ lichenes dicuntur. Auctore D.
Georg.-Franc. HOFFMANN. *Lipsiæ*, Cruse, 1790. —
3 vol. en 1 t. in-fol.

436 Lichenographia universalis in qua lichenes omnes de-
tectos, adiectis observationibus et figuris horum vegetabilium naturam et organorum carpomorphorum struc-
turam illustrantibus, ad genera, species, varietates
differentiis et observationibus sollicite definitas redegit
Erik ACHARIUS, Med. Doct. etc. Cum tabulis æneis
XIV coloratis. *Gottingæ*, Danckwerts, 1810. — 1 vol.
in-4º.

437 Synopsis methodica lichenum, sistens omnes hujus ordinis naturalis detectas plantas, quas secundum
genera, species et varietates disposuit, characte-
ribus et differentiis emendatis definivit, necnon
synonymis et observationibus selectis illustravit auctor
Erik ACHARIUS. *Lundæ*, Swanborg, 1814. — 1 vol.
in-8º, avec feuillets blancs dans le texte contenant
des notes manuscrites.

438 Lichenographia Europæa reformata. Præmittuntur li-
chenologiæ fundamenta, compendium et practicum
lichenum studium conscripsit *Elias* FRIES, Botanic.
demonstr., prof. nomine. *Lundæ*, 1831. — 1 vol.
in-8º.

439 Essai d'une nouvelle classification des lichens, par le
Dr *W.* NYLANDER. — Br. in-8° de 16 p.

Extrait des *Mémoires de la Société impériale des sciences naturelles de Cherbourg*,
T. II, 1854.

440 Essai d'une nouvelle classification des lichens (second
mémoire), par le Dr *W.* NYLANDER. — Br. in-8°.

Extrait des *Mémoires de la Société impériale des sciences naturelles de Cherbourg*.

441 Synopsis methodica lichenum omnium hucusque cognitorum, præmissa introductione lingua gallica tractata.
Scripsit *William* NYLANDER, T. I. *Paris*, Martinet,
1855. — 1 vol. in-8°.

442 Enumeratio lichenum iconibus et descriptionibus illustrata, a *Georg.-Franc.* HOFFMANN. Fascic. I. Lepra
verrucaria tubercularia scutellaria. *Erlangœ*, Wal-
ther, 1784. — 1 vol. in-4°. Planches.

443 Histoire des graphidées, accompagnée d'un tableau analytique des genres, par *S.-S.* CHEVALLIER, Doct. en
médecine. Ouvrage renfermant des observations ana-
tomiques et physiologiques sur ces végétaux ; avec
des figures dessinées et coloriées d'après nature, par
MM. PRÊTRE et *P.* DUMÉNIL. *Paris*, F. Didot, 1824,
1 vol. in-4°.

444 Histoire des lichens, genre sticta, par *D.* DELISE,
chef de bataillon. *Caen*, Chalopin, 1825. — 1 vol.
in-8° et 1 atlas in-4° oblong.

445 De Cladoniis difficillimo lichenum genere, commentatio
nova ; auctore *Gustavo* FLOERKE, philos. doctore,
historiæ naturæ et botanices in literarum universitate

Rostochiensi professore , etc. *Rostochii*, Stiller, 1828.
— 1 vol. in-8º.

446 A monograph of British Graphideæ, by *Rev.-W.-A.*
LEIGHTON. 1854. — Br. in-8º. Planches.

447 Synopsis du genre arthonia , par M. le Dr *W.* NYLAN-
.DER. — Br. in-8º.

Extrait des *Mémoires de la Société impériale des sciences naturelles de Cherbourg*,
1856.

448 Description de trois lichens nouveaux, par M. *Ed.*
BORNET. *Cherbourg*, Feuardent, 1856. — Br. in-8º
de 12 p. et 4 pl.

449 Note sur une nouvelle espèce de lichen (*Usnea saxicola
Roum.*), par *C.* ROUMEGUÈRE. — Br. in-8º de 3 p.

450 Lichenum Helveticorum spicilegium , auctore *Ludov.-
Eman.* SCHAERER, *Bernæ*, Jenni, 1823. — 1 vol.
in-4º.

451 Lichens de_ France, publiés par *D.* DELISE , chef de
bataillon. Premier fascicule. *Vire*, 1828. — 1 vol.
in-4º.

452 Collectanea lichenologica in Gallia meridionali et Pyre-
næis, à *W.* NYLANDER. *Holmiæ*, Bechman, 1853. —
Br. in-8º de 16 p.

453 Systema lichenum Germaniæ. Die Flechten Deutschlands
(ins besondere Schlesiens) systematisch geordnet und
characteristisch beschrieben, von Dr *G.-W.* KOERBER.
Breslau, Trewendt und Granier, 1854-55. — 5 liv.
in-8º. Planches.

454 Prodromus lichenographiæ Galliæ et Algeriæ, quem
    conscripsit *William* NYLANDER, Dʳ M. (Ex actis So-
    cietatis Linnæanæ Burdigalensis, T. XXI). *Burdi-*
    galæ, Lafargue, 1857. — 1 vol. in-8°.

455 Lichenes Scandinaviæ sive prodomus lichenographiæ
    Scandinaviæ scripsit *William* NYLANDER. *Helsing-*
    forsiæ, 1861. — 1 vol. in-8°.

456 Lichenes algerienses novi, quos exponit *W.* NYLANDER.
    — Br. in-8° de 6 p.

    Extrait des *Annales des sciences naturelles*, T. XX.

457 Etudes sur les lichens de l'Algérie, par M. le Dʳ *W.*
    NYLANDER. — Br. in-8°.

458 Additamentum in floram cryptogamicam Chilensem, quo
    lichenes præcipue saxicolas exponit *W.* NYLANDER.
    — Br. in-8·.

459 Lichenes Helvetici exsiccati. Edidit. *Ludov.-Eman.*
    SCHAERER, V. D. M. Ecclesiæ Laupersvillensis pas-
    tor, etc. *Bernæ,* prostat in *Lauperswyl* pagi Helveto-
    Bernensis, apud editorem, 1823-1852. Fasc. I ad
    XXVI.

460 Herbarium lichenum parisiensium, quod edidit NYLAN-
    DER, M. D. Fasciculus I, ad III. Nⁱˢ 1-150. *Paris,*
    Thunot, 1855-1857. — 3 vol. in-4°.

461 Lichenes europæi exsiccati. Die Flechten Europa's unter
    Mitwirkung mehrerer namhafter Botaniker, gesam-
    melt und herausgegeben von Dʳ *L.* RABENHORST.
    Fascic. X. *Dresden,* Heinrich, 1857.— 1 vol. in-8°.

    Les autres parties de cet herbier ne se sont pas trouvées lors de la remise de la
    bibliothèque de M. Desmazières à la Ville.

462 Die Flechten Europa's in getrokneten mikroskopish untersuchten Exemplaren mit Besehreibung und Abbildung ihrer Sporen. Herausgegeben von *Philipp* HEPP, D᷎ Med. *Zurich*, 1853-1860. — 12 vol. in-4º.

462 bis. Synonymen-Register zu D᷎ *Phil.* HEPP's Flechten Europa's Band I-XII. und zu dessen Abbildungen der Flechten-Sporen. Heft I-III. — Br. in-4º de 17 p.

463 Lichenes Sueciæ exsiccati (auctore *Elia-Magno* FRIES). Fasc. I-VIII, nº 1 à 278 (sans titre). — 8 cahiers in-4º.

En tête du premier fascicule se trouve une Thèse de *P.-M.* ERLANDSSON, de Calmar, intitulée : Schedulæ criticæ de lichenibus suecanis. *Lundæ*, litteris Berlingianis, 1824. — In-4º de 24 p.

464 Schedulæ criticæ de lichenibus exsiccatis Sueciæ Fasciculos V et VI. Curavit *Christianus* STENHAMMAR, hist. lector, præp. et pastor par. Tornevallæ. *Lincopiæ*, A. Petre, 1825. — In-4º.

465 Novæ schedulæ criticæ de lichenibus suecanis. Auctore *Elia-Magno* FRIES. *Lundæ*, 1826. — In-4º de 34 p..

466 Novæ schedulæ criticæ de lichenibus suecanis. Auctore *Elia* FRIES. *Lundæ*, 1827. — Br. in-4º de 22 p.

467 Enumeratio critica lichenum europæarum, quos ex nova methodo digerit *Ludov.-Emanuel* SCHAERER, V. D. M. Ecclesiæ Belpensis p. 1. Pastor, etc. Accedunt tabulæ decem, quibus cuncta lichenum europæarum genera et subgenera in lapidem delineata et per partes colorata illustrantur. *Bernæ*, 1850. — 1 vol. in-8º.

468 Observationes adhuc nonnullæ ad synopsin lichenum

7 D

Holmiensium, auctore *W.* Nylander. *Holmiæ*, Beck-
man, 1853. — Br. in-8º de 16 p.

469 Sur quelques fascicules de lichens d'Europe publiés par
M. le Dr Hepp. Observations critiques présentées par
M. le Dr *W.* Nylander. — Br. in-8º de 10 p.

Extrait du *Bulletin de la Société botanique de France*, 1854.

470 Observationes lichenologicæ breves in fasciculos cryp-
togamicos ab orn. G.-D. Westendorp editos, auctore
Eugenio Coemans, *Gandæ*, van Doosselaere, 1858.—
Br. in-8º de 20 p.

4. CHAMPIGNONS.

ORGANOGRAPHIE ET PHYSIOLOGIE. — TRAITÉS, SYSTÈMES,
MÉTHODES, CLASSIFICATIONS. —
NOTICES GÉNÉRALES. — MONOGRAPHIES DIVERSES. —
FLORES LOCALES. — HERBIERS NATURELS ET ARTIFICIELS. —
PHÉNOMÈNES PRODUITS PAR LES CHAMPIGNONS
SUR LES ANIMAUX ET SUR LES VÉGÉTAUX.

471 Esquisse organographique et physiologique sur la classe
des champignons; par *C.* Montagne. *Paris*, Bertrand,
1841. — Br. in-8º de 56 p.

472 **XX.** — Synopsis of the fructification of the compound
Sphœriæ of the Hookerian herbarium. By *Frederick*
Currey, Esq. 1858.— In-4º, 5 pl.

472 bis. **XXIV.** — Synopsis of the fructification of the

simple *Sphæriæ* of the Hookerian herbarium. By *Friederick* CURREY, 1859. — In-4º, 3 pl.

473 Monographie du genre *Pilobolus* de Tode, spécialement étudié au point de vue anatomique et physiologique ; par *E.* COEMANS. — 1 vol. in-4º, 3 pl.

Extrait des *Mémoires de l'Académie royale de Belgique*, t. XXX, 1861.

474 Recherches sur la genèse et les métamorphoses de la Peziza sclerotiorum lib.; par *Eugène* COEMANS. *Bruxelles*, Hayez. — Br. in-8º de 38 p. et 1 pl.

475 Note sur une espèce de Dothidea (hypoxylées) et sur quelques questions de taxonomie qui se rattachent à son développement, par M. le pasteur DUBY.—Br. in-4º.

476 Etudes sur l'organisation des espèces qui composent le genre Metiola; par *Ed.* BORNET. — Br. in-8º de 14 p. et 2 planches.

Extrait des *Annales des sciences naturelles*, t. XVI.

477 Observations sur l'organisation des Trémellinées, par *L.-R.* TULASNE. — Br. in-8º de 39 p. et 4 pl.

Extrait des *Annales des sciences naturelles*, t. XIX.

478 Sur la fructification des genres Lycoperdon, Phallus et de quelques autres genres voisins ; par le Révérend *M. J.* BERKELEY, membre de la Société Linnéenne de Londres. — Br. in-8º de 10 p. et 1 pl.

479 Rapport sur une note de M. Westendorp, concernant le mode de propagation des Nidulaires; par *M.* KICKX. — Br. in-8º de 14 p.

Extrait des *Mémoires de l'Académie royale de Bruxelles*, t. XI.

479 bis. Rapport sur une note de M. Westendorp, concernant le mode de propagation des Nidulaires ; par M. KICKX, membre de l'Académie royale de Bruxelles. — Br. in-8° de 6 p.

> *Dans le même :* Rapport sur une notice de M. Westendorp, concernant quelques cryptogames des Flandres, par M. KICKX.

480 Traité des champignons, ouvrage dans lequel, on trouve après l'histoire analytique et chronologique des découvertes et des travaux sur ces plantes, suivie de leur synonymie botanique et des tables nécessaires, la description détaillée, les qualités, les effets, les différents usages, non-seulement des champignons proprement dits, mais des truffes, des agarics, des morilles, avec une suite d'expériences tentées sur les animaux, etc. ; le tout enrichi de plus de deux cents planches. Par le C^{en} PAULET, médecin. *Paris*, impr. nationale, 1793. — 2 vol. in-4°.

481 Iconographie des champignons de PAULET, recueil de 217 planches dessinées d'après nature, gravées et coloriées, accompagné d'un texte nouveau présentant la description des espèces figurées, leur synonymie, l'indication de leurs propriétés utiles ou vénéneuses, l'époque et les lieux où elles croissent. Par *J.-H.* LÉVEILLÉ, docteur en médecine de la Faculté de Paris. *Paris*, Baillière, 1855. — 1 vol. in-4°. (Les planches manquent.)

482 Synopsis methodica fvngorvm, sistens envmerationem omnivm hvcvsqve detectarvm speciervm, cvm brevibvs

descriptionibvs necnon synonymis et observationibvs selectis. Auctore *D.-C.-H.* Persoon. *Gottingæ*, Dieterich, 1801. — 1 vol. in-12°.

483 Das system der Pilze und Schwâmme. Ein Versuch von Dr *C.-G.* Nees von Esenbeck. *Wurtzburg*, 1816. — 1 vol. in-4°, 44 pl.

484 Mykologische Hefte, nebst einem allgemein-botanischen Anzeiger. Herausgegeben von *Gustav* Kunze und *Johann-Carl.* Schmidt. *Leipzig*, Voss, 1817. — 1 vol. in-8°.

485 Systema mycologicvm sistens fvngorvm ordines, genera et species, hvc vsqve cognitas, quas ad normam methodi natvralis determinavit, disposvit atqve descripsit *Elias* Fries. *Gryphiswaldiæ*, Maurice, 1821. — 3 vol. in-8° avec des notes manuscrites sur du papier blanc intercalé.

486 Mycologia Europæa seu completa omnium fungorum in variis Europæ regionibus detectorum enumeratio, methodo naturali disposita; descriptione succincta, synonymia selecta et observationibus criticis additis. Elaborata a *C.-H.* Persoon. *Erlangae*, Palm, 1822.— 3 vol. in-8°.

487 Essai d'une classification naturelle des champignons, ou tableau méthodique des genres rapportés jusqu'à présent à cette famille; par *Adolphe* Brongniart. *Paris*, Levrault, 1825. — 1 vol. in-8°.

488 Concordances de Persoon (*Synopsis methodica fungorum*) avec de Candolle (*Flore française*, 2e et 6° volumes)

et avec FRIES (*Systema mycologicum*, 1ᵉʳ et 2ᵉ volumes),
et DE CANDOLLE (*Flore française*, 2ᵉ et 6ᵉ volumes),
et des figures des champignons de France, de BUL-
LIARD, avec la nomenclature de FRIES (*Systema mycologicum*, 1ᵉʳ et 2ᵉ volumes); par M. LE TURQUIER DE
LONGCHAMP, ancien aumônier des Gardes du corps du
roi. *Rouen*, Nicétas Périaux, 1826. — 1 vol. in-8º.

489 Elenchus fungorum, sistens commentarium in systema
mycologicum. Auctore *Elia* FRIES. *Gryphiswaldiæ*,
Maurice, 1828. — 2 vol. en 1 tome in-12º.

490 Naturgetreue Abbildungen und Beschreibungen der
essbaren, schädlichen und verdachtigen Schwämme
von *J.-V.* KROMBHOLZ, doctor der Medicin, etc. *Prag*,
Clave, 1831. — 1 vol. in-fº.

491 Icones fungorum hucusque cognitorum, auctore *A.-C.-I.*
CORDA, zoologiæ in museo Bohemico custode, etc.
Pragœ, Calve, 1837. — 6 vol. in-fº

492 Das system der Pilze. Durch Beschreibungen und Abbildungen erläutert von Dʳ *Th.-Friedr.-Ludw.* NEES VON
ESENBECK und *A.* HENRY. Erste Abtheilung. Mit einer
schwarzen und II colorirten Tafeln. *Bonn*, 1837. —
1 vol. in-8º.

493 Epicrisis systematis mycologici, seu synopsis hymenomycetum. Scripsit *Elias* FRIES, prof. Upsal. *Upsaliœ*,
1826-1838. — 1 vol. in-8º suivi d'une nomenclature
manuscrite par M. DESMAZIÈRES.

494 Tabula analytica fungorum in Epicrisi seu synopsi hymenomycetum Friesiana descriptorum, ad operis usum

faciliorem collata a *J.-G.* TROG, sen. Thuensi. *Bernœ,* Huber, 1846. — 1 vol. in-12º.

495 *Eliae* FRIES summa vegetabilium Scandinaviæ seu enumeratio systematica et critica plantarum, quum coty-
ledonearum, tum nemearum, inter mare Occidentale et
Album, inter Eidoram et Nordkap, hactenus lectarum,
indicata simul distributione geographica. *Holmiae,* et
Lipsiae, Bonnier, 1849. — 1 vol. in-8º.

496 Clavis Bulliardiana seu nomenclator BULLIARDI icones
fungorum, ducente Friesio, illustrans. Conscripsit
J. KICKS, rei herbariæ in Academia Gandavensis prof.
ord. *Gandavi,* Van Doosselaere, 1857.— 1 vol. in-8º.

497 Selecta fungorum carpologia, ea documenta et icones
potissimum exhibens quæ varia fructuum et seminum
genera in eodem fungo simul aut vicissim adesse
demonstrent. Junctis studiis ediderunt *Ludovicus-
Renatus* TULASNE et *Carolus* TULASNE. Tomus I. Ery-
siphei. *Paris,* imp. impériale, 1859. — 1 vol. in-4º.

498 Nomenclator fungorum exhibens ordine alphabetico
nomina, tam genera quam specifica ac synonyma, a
scriptoribus de scientia botanica fungis imposita,
auctore *Wenceslao-Materno* STREINZ, artis medicæ
atque chirurgicæ doctore. *Vindobonœ,* Gorischek,
1862. — 1 vol. in-8º.

499 Index mycologicus. Sistens icones et specimina sicca
fungorum europæorum et exoticorum, in primis nuper
(inde a publicatione Friesiani *Systematicis mycologici*
et — quoad species germanicas — Rabenhorstii *Ma-
nualis florae Germaniae cryptogamicae*) edita, ordine

alphabetico composita, cum synonymis. Auctore
Hermann HOFFMANN. — 1 vol. in-4°.

500 Observationes mycologicæ. Seu descriptiones tam novo-
rum, quam notabilium fungorum exhibitæ a *C.-H.*
PERSOON. Pars prima cum tabulis VI æneis pictis.
Lipsiae, Wolf, 1796. — 1 vol. in-8°.

501 Fragments mycologiques, par M. *J.-H.* LÉVEILLÉ, D.-M.
— Br. in-8° avec 2 pl.

Extrait des *Annales des sciences naturelles*, 3e série, T. IX.

502 Observations mycologiques, par NOUEL-MALINGIÉ. 1830.
— Br. in-8° de 3 p. et 1 pl.

503 Monographia tuberacearum auctore *Carolo* VITTADINI.
Mediolani, Rusconi, 1831. — 1 vol. in-4°, 5 pl.

504 Fungi hypogæi. Histoire et monographie des champignons hypogés, par *Louis-René* TULASNE, avocat, aide-
naturaliste au Muséum d'histoire naturelle; en colla-
boration, pour l'iconographie analytique, avec *Charles*
TULASNE, docteur en médecine de la Faculté de Paris.
Accedunt tabulæ pictæ IX et analyticæ XII, cunctæ
æri incisæ. *Paris*, F. Klincksieck. 1851. — 1 vol.
in-4°.

505 Sur le *Lycoperdon radiatum* de Sowerby et l'*Algaricus
radians*, espèce nouvelle; par DESMAZIÈRES. — Br.
in-8°.

Extrait des *Annales des sciences naturelles*, 1828.

506 Notice sur seize espèces du genre Septoria, récemment
découvertes en France, et la plupart inédites; note

sur le Sphæria Buxi; nouvelle notice sur quelques plantes cryptogames, la plupart inédites, récemment découvertes en France, et qui vont paraître en nature dans la collection publiée par l'auteur, *J.-B.-H.-J.* Desmazières. *Lille*, Danel, 1843. — Br. in-8º de 59 p.

507 Vingt et unième notice sur quelques Septoria nouveaux, par *J.-B.-H.J.-.* Desmazières. — Br. in-8º de 12 p.

Extrait des *Annales des sciences naturelles*, T. XX.

508 Considérations générales sur la tribu des Podaxinées, et fondation du nouveau genre Gyrophragmium, appartenant à cette tribu, par *C.* Montagne, D.-M., présentées à l'Académie des sciences, le 17 avril 1843. — Br. in-8º de 14 p.

Extrait des *Annales des sciences naturelles*, août 1843.

509 Cinquième notice sur quelques Hypoxylées inédites ou nouvelles pour la flore de la Belgique, par Westendorp. — In-8º, 1 pl.

509 bis. *Même ouvrage.*

510 Remarques sur l'amadou. Mémoire lu à la Société de médecine de Paris, par le Dr Léveillé. *Paris*, Moquet, 1854. — Br. in-8º de 16 p.

511 Note sur le nouveau genre Mazzantia, de la famille des Pyrénomycètes, par *C.* Montagne. — Br. in-8º de 7 p.

Extrait du *Bulletin de la Société botanique de France*, 1855.

512 Mémoire sur la tribu des Hystérinées de la famille des

Hypoxylées (Pyrenomycètes), par M. le pasteur DUBY. *Genève,* Fick, 1861. — 1 vol. in-4°, 2 pl.

Extrait du volume XVI des *Mémoires de la Société de physique et d'histoire naturelle de Genève.*

513 Note sur un champignon monstrueux trouvé par M. Léon Soubeiran, dans les souterrains des eaux thermales de Bagnères de Luchon, par M. MONTAGNE. — Br. in-8° de 4 p.

Extrait du *Bulletin de la Société botanique de France,* 1856.

514 V. On *Agaricus crinitus,* Linn., and some allied species. By the Rev. *M.-J.* BERKELEY. 1845. — In-4°, 1 pl.

515 De capnodio, nov. gen., auctore *C.* MONTAGNE. — Br. in-8° de 2 p.

Extrait des *Annales des sciences naturelles,* 1849.

516 Description et figures des six Hyphomycètes inédites à ajouter à la flore française, par *J.-B.-H-.J.* DESMAZIÈRES. — Br. in-8° de 15 p. et 1 pl.

Extrait des *Mémoires de la Société royale des sciences de Lille.*

516 bis. Description et figures des six Hyphomycètes inédites à ajouter à la flore française, par *J.-B.-H.-J.* DESMAZIÈRES. — Br. in-8° de 4 p. et 1 pl.

Extrait des *Annales des sciences naturelles,* T. II.

517 Icones et descriptiones fungorum minus cognitorum, auctore *C.-H.* PERSOON, Societatis Gottingensis, etc. Fasc. I. *Lipsiae,* Breitkopp. — 1 vol. petit in-fol.

518 Note sur quelques *Ascobolus* nouveaux et sur une es-

pèce nouvelle de Vibrissea, par MM. Crouan frères.
— Br. in-8º de 6 p. et 1 pl.

Extrait des *Annales des sciences naturelles*, T. VII.

519 Note sur neuf Ascobolus nouveaux, par MM. Crouan
frères. — Br. in-8º de 7 p. et 1 pl.

Extrait des *Annales des sciences naturelles*, T. X.

520 Notice sur le Pilobolus Crystallinus, par *Eug*. Coemans.
Bruxelles, Hayez, 1859. — Br. in-8º de 25 p. et 1 pl.

521 Monographie du genre Næmospora des auteurs modernes, et du genre *Libertella*, Desmaz. pl. crypt. du
nord de la France, fasc. X ; par *J*. Desmazières. —
In-8º, 1 pl.

521 bis. Monographie du genre Næmaspora des auteurs modernes, et du genre Libertella, Desmaz. pl. cryptog.
du nord de la France, fasc. X ; par *J.-B.-H.-J.* Desmazières. *Lille*, Danel, 1831. — In-8º.

Extrait des *Annales des sciences naturelles*, 1830.

522 IX. — Notices of British hypogæous fungi. By the Rev.
M.-J. Berkeley, M. A., *F. L. S.*, and *C.-E*. Broome,
Esq. — Br. in-8º de 10 p.

From the *Annals and Magazine of natural history*, 1846.

523 XVI. — On two new genera of fungi. By the Rev. *M.-J.*
Berkeley. 1852. — Br. in-8º, p. 149 à 154.

524 Mémoire concernant les plantes cryptogames qui peuvent être réunies sous le nom d'*Ascoxytacei* ; par Melle

Marie-Anne LIBERT, membre de plusieurs sociétés savantes. — Br. in-8° de 3 p.

Extrait du 1ᵉʳ fascicule des *Plantes cryptogames desséchées des Ardennes*.

525 Rapport de la commission chargée d'examiner un mémoire de Kaiser, pharmacien à Saint-Josse-ten-Noode, relatif à un cryptogame rouge du pain. M. MARTENS, rapporteur. — Br. in-8° de 20 p.

Extrait du *Bulletin de l'Académie royale de médecine de Belgique*, 2ᵉ série, t. I.

526 Sur la disposition méthodique des Urédinées, par *J.-H.* LÉVEILLÉ, D. M. — Br. in-8°.

Extrait des *Annales des sciences naturelles*, 1847.

527 On some moulds referred by authors to fumago, and on certain allied or analogous forms. By the *Rev.-M.-J.* BERKELEY, M. A., F.-L.-S. and *J.-B.-H.-J.* DESMAZIÈRES. *London,* Clowes. — Br. in-8° de 19 p., fig.

528 Observations sur le *Mucor crustaceus...* 1826. Sur le *Pilobolus crystallinus* de TODE et le *Sclerotium stercorarium* de DE CANDOLLE, 1827. Par *J.-B.-H.-J.* DESMAZIÈRES. — Br. in-8°.

Extrait des *Annales des sciences naturelles*.

529 Micromycetes italici novi vel minus cogniti auctore *Josepho* DE NOTARIS. Decades Iᵃ, IIIᵃ et IVᵃ. *Taurini,* ex officina Regia. — 3 fascicules in-4°.

Ce volume renferme aussi quelques observations sur la cryptogamie.

530 Fungorum agri ariminensis historia *A.-J.-Ant.* BATTARA, Lynceo restituo et in eadem urbe publico philosophiæ professore, compilata, æneisque tabulis ornata quam,

sub auspiciis Joachimi Portocarrerii cardinalis amplissimi, publici juris fecit. *Faventiæ*, 1755. — 1 vol.
in-4º.

531 Elenchus fvngorvm conscripsit *Avg.-Jo.-Georg.-Car.*
BATSCH, phil. D. Accedvnt icones LVII fvngorvm
nonnvllorvm agri Jenensis, secvndvm natvram ab
avctore depictæ ; æri incisæ et vivis coloribvs fvcatæ
a *I.-S.* CAPIEUX. *Halæ-Magdeburgicæ*, Gebaver, 1783.
— 1 vol. in-4º.

532 An history of fungusses, growing about Halifax whith
forty-four copper-plates : on which are engraved
fifty-one species of Agarics : wherein their varie-
ties, and various appearances in the different stages
of growth, are faithfully exhibited in more than
hundred figures, etc. by *James* BOLTON, 1788. —
3 vol. reliés en 2 in-4º.

533 Commentarius *D. Jac.-Christ.* SCHAEFFERI fvngorvm
Bavariæ indigenorvm icones pictas, differentiis specificis, synonymis et observationibus selectis illvstrans,
Auctore *D.-C.-H.* PERSOON. *Erlangæ*, Palm, 1800. —
1 vol. in-4º.

534 D. *Jacobi-Christiani* SCHAEFFERI fvngorvm qui in Bavaria
et Palatinatv circa Ratisbonam nascvntur icones na-
tivis coloribvs expressæ. Editio nova commentario
avcta a Dre *C.-H.* PERSOON. *Erlangæ*, Palm, 1800. —
4 vol. in-4º.

535 Conspectus fungorum in Lusatiæ superioris agro Nis-
kiensi crescentium. E methodo Persooniana, cum

tabulis XII æneis pictis, species novas XCIII sisten-
tibus, auctoribus *J.-B.* DE ALBERTINI *L.-D.* DE SCHWEI-
NIZ. *Lipsiae,* Kummer, 1805. — 1 vol. in-8°.

536 Observationes mycologicæ præcipue ad illustrandam
Floram svecicam. Auctore *Elia* FRIES, bot. docens in
Acad. Lundensi. *Havniae,* Bonnier, 1815. — 2 vol.
in-12.

537 Deutschlands Schwämme in getrockneten Exemplaren.
Gesammelt und herausgegeben von *C.-F.* HOLL und
J.-C. SCHMIDT. 9 livraisons. N° 1 à 225. *Leipsig,*
Voss, 1815-1819. — 9 cahiers in-4°, renfermés dans
une boîte.

538 Deutschlands Flora in Abbildungen nach der Natur mit
Beschreibungen. Von *Jacob* STURM. III. Abtheilung.
Die Pilze Deutschlands bearbeitet von *L.-F.-P.*
DITMAR, Doctor beider Rechte, Senator der Stadt
Rostock... Heft 1-34. Nürnberg, 1813 à 1853. —
5 vol. in-32.

539 Scottish cryptogamic flora, or coloured figures and descriptions of cryptogamic plants, belonging chiefly to
the order *Fungi;* and intended to serve as a continua-
tion of english botany. By *Robert* KAYE-GREVILLE.
Edinburgh, Maclachlan, 1823. — 6 vol. in-8°, pl.

540 Mycographie suisse, particulièrement dans le canton de
Vaud, aux environs de Lausanne, par *L.* SECRETAN,
membre de la Société helvétique des sciences naturelles.
Genève, Bonnaut, 1833. — 3 vol. in-8°.

541 Novæ fungorum species in Belgio septentrionali nuper

detectæ, quas iconibus et descriptionibus illustrarunt *F.* Dozy et *J.-H.* Molkenboer, *Lugduni-Batavorum*, Luchtmans, 1846. — Br. in-8º de 18 p. et 2 pl.

542 Enumeratio fungorum quos, a C. Drège in Africa meridionali collectos et in herbario Miqueliano servatos, descriptionibus observationibus que nonnullis illustravit *C.* Montagne. — Br. in-8º.

Extrait des *Annales des sciences naturelles*, 1847.

543 Flore mycologique de Gentines. Catalogue des mycètes observés dans cette partie du Brabant wallon pendant les années 1855, 1856 et 1857, par le comte *Alfred* DE Limminghe. *Namur*, Doux fils. 1857. — 1 vol. in-8º.

544 Enumeratio fungorum Nassoviæ collectorum a *Leopoldo* Fuckel. Ex. Annal. soc. Nass. not. scrut. F. XV p. I. *Wiesbaden*, Julius Nieder, 1861. — 1 vol. in-8º.

545 Verzeichniss Schweizerischer Schwämme, von *J.-G.* Trog, Sen. in Thun. *Bern*, Haller, 1844. — Br. in-8º de 76 p.

545 bis. *J.-G.* Trog (Sen. in Thun), Nachtrag zu dem in Nr 15-23 der Mittheilungen enthaltenen Verzeichniss Schweizerischer Schwämme. — Br. in-8º.

546 Notices of British fungi. By the Rev. *M.-J.* Berkeley, M. A., F.-L.-S., and *C.-E.* Broome, Esq. With plates — 1 vol. in-8º.

547 Art. XXVIII. Exotic fungi from the Schweinitzian herbarium, principally from Surinam. — in-4º.

548 Varia fungorum genera. Icones pleræque Mazerianæ et nonnullæ a Bulliardo et aliis mutuatæ.

Ces dessins sont réunis en deux cartons. Les notes à la sanguine, qui se trouvent au bas des dessins, sont de la main de M. THULASNE, membre de l'Institut.

549 Coloured figures of english fungi or mushrooms, by *James* SOWERBY, F.-L.-S. Tab. 1-CXX. *London,* Davis, 1797. — 3 vol. pet. in-fol.

550 Scleromyceti Sueciæ. Collegit, exsiccavit et divulgavit *Elias* FRIES. Decad. I-XLVI. *Lundae,* 1817. — 12 cahiers in-8º renfermés dans deux boîtes.

551 Figures de champignons servant de supplément aux planches de Bulliard, peintes d'après nature et lithographiées par *J.-B.-L.* LETELLIER D. M. D. *Paris,* Meilhac, 1839-40. — Livr. 1-18. in-4º (sans texte).

552 British fungi : consisting of dried specimens of the species, described in vol. V, part. II, of the English flora ; together with such as may hereafter be discovered indigenous to Britain. By the Rev. *M.-J.* BERKELEY. Fasc. I-IV. *London,* Longman, 1836-1843. — 2 vol. in-4º.

552 bis. British fungi; consisting of dried specimens of the species described in vol. V, part. II, of the English flora By the Rev. *M.-J.* BERKELEY, M. A. *London,* Longman, 1836. — 1 vol. in-8º.

553 Atlas in-folio oblong de l'ouvrage de KROMBHOLZ sur les champignons.

554 KLOTZCHII herbarium vivum mycologicum sistens fun-

gorum per totam Germaniam crescentium collectionem
perfectam. Centuria I ad XX, cura *Ludovici* RABEN-
HORST. *Dresdae*, 1842-1855. — 2 vol. in-4°.

554 bis. KLOTZCHII herbarium vivum mycologicum sistens
fungorum per totam Germaniam crescentium collectionem perfectam. Editio nova, centuria I-VIII.
Dresdœ, 1855-1858. — 8 vol. in-4°.

555 Fungi Europæi exsiccati. KLOTZCHII herbarii vivi mycologici continuatio. Editio nova. Series secunda. Centuria I-IV. cura D^re *L.* RABENHORST. *Dresdœ*, Heinrich, 1859-1861. — 4 vol. in-4°.

556 Traité sur les champignons comestibles, contenant l'indication des espèces nuisibles ; précédé d'une introduction à l'histoire des champignons. Avec quatre
planches coloriées. Par *C.-H.* PERSOON, *Paris*, Belin-
Leprieur, 1818.— 1 vol. in-8°, avec une table manuscrite.

557 Notice botanique et culinaire sur les champignons comestibles du département des Landes, par *Léon* Du-
FOUR. *Mont-de-Marsan*. Leclercq, 1840. — Br. in-8°
de 14 p.

558 V. On an edible fungus from Tierra del Fuego, and an
allied Chilian species. By the Rev. *M.-J.* BERKELEY.
1841. — Br. in-4°, p. 37 à 43, 1 pl.

559 Petite mycologie Belgique, ou description abrégée des
champignons comestibles et vénéneux du nord de la
France, et de la Belgique, avec les moyens de les
employer utilement et de prévenir ou arrêter tout

fâcheux accident; par *L.* Boniface. *Lille*, Lefebvre-Ducrocq, 1853.

560 Figures de champignons en 24 liv. in-fol., sans titre et sans date. *Paris*, Mᵐᵉ Huzard.

561 Note sur un champignon parasite trouvé dans l'estomac des abeilles, par M. Leuckart, et décrit par M. le professeur Hoffmann, de l'université de Giessen, communication de M. le Dʳ Montagne. — Br. in-8º de 4 p.

561 bis. *Le même.*

562 Sur un champignon délétère de l'ordre des Mucorinés, trouvé dans l'estomac des abeilles, communication faite à la Société de biologie. Par *C.* Montagne. — Br. in-8º de 3 p.

563 Observations et expériences sur un champignon entomoctone, ou histoire botanique de la *Muscardine;* par *C.* Montagne. — Br. in-8º de 15 p.

Extrait des *Annales des sciences naturelles*, 1847.

564 Rapport fait par le docteur Montagne, au nom de la section des cultures spéciales, sur un mémoire intitulé: De la *Muscardine* et des moyens d'en prévenir les ravages dans les magnaneries. *Paris*, Bouchard, 1857. — Br. in-8º de 23 p.

Extrait des *Mémoires de la Société impériale et centrale d'agriculture*, année 1857.

564 bis. Rapport fait par M. le docteur Montagne, au nom de la section des cultures spéciales, sur un mémoire intitulé : De la *Muscardine* et des moyens d'en pré-

venir les ravages dans les magnaneries. — Br. in-8°
de 23 p.

565 De la *Muscardine* et des moyens d'en prévenir les ravages dans les magnaneries, par M. CICCONE, D. M.
Paris, Bouchard, 1858. — 1 vol. in-8°.

566 Rapport sur une maladie des oliviers caractérisée par la
chute prématurée de leurs feuilles, par M. *C.* MON-
TAGNE. — Br. in-8° de 16 p.

Extrait du *Bulletin de l'Académie impériale et centrale d'agriculture*, T. IX.

567 Lettre sur la maladie des cerises à M. Decaisne, professeur de culture au Muséum d'histoire naturelle de
Paris. — Br. in-8° de 8 p.

Extrait de la *Revue horticole*, 1852.

568 Rapport sur une communication de M. Lagrèze-Fossat,
correspondant à Moissac, relative à une maladie du
sainfoin ; par le Dr *C.* MONTAGNE. — Br. in-8° de 8 p.

Extrait du *Bulletin de la Société impériale et centrale d'agriculture*, T. IX.

569 XXXIX. On a Gall gatherend in Cuba by *W.-S.*
MACLEAY, esq., upon the Leaf of a plant belonging
to the order *Ochnaceæ*. By the Rev. *M. J.* BERKELEY.
1839. — In-4°.

5. ALGUES.

ORGANOGRAPHIE ET PHYSIOLOGIE. —
TRAITÉS, MÉTHODES, SYSTÈMES, CLASSIFICATIONS. —
MONOGRAPHIES DIVERSES. — DIACTONÉES. —
FLORES LOCALES. — HERBIERS NATURELS ET ARTIFICIELS. —
PHÉNOMÈNES PRODUITS PAR LES ALGUES. —
OBSERVATIONS ET NOTICES CRITIQUES.

570 Observations sur la reproduction de quelques Nosto-
chinées, par M. THURET. — 1 vol. in-8º.

Extrait des *Mémoires de la Société des sciences naturelles de Cherbourg*, T. V,
août 1837.

571 De l'organisation et du mode de reproduction des Caulerpées, et en particulier du Caulerpa Webbiana,
espèce nouvelle des îles Canaries, par *C.* MONTAGNE.
— Br. in-8º de 22 p. et 1 pl.

Extrait des *Annales des sciences naturelles*, 1838.

571 bis. Un mémoire de M. le Dr MONTAGNE, sur l'organisation et le mode de reproduction des Caulerpées et
en particulier du Caulerpa webbiana. — In-4º.

Extrait des *Comptes-rendus des séances de l'Académie des sciences*, 1838.

572 Recherches sur l'organisation, la fructification et la
classification de plusieurs genres d'algues, avec la
description de quelques espèces inédites ou peu connues. — Essai d'une répartition des polypiers calci-
fères de Lamoureux, dans la classe des algues, par
J.-L. CHAUVIN. *Caen*, Hardel, 1842. — 1 vol. in-4º.

573 Quelques observations touchant la structure et la fructification des genres *Ctenodus*, *Delisea* et *Lenormandia*,
de la famille des floridées, par *C*. Montagne. — Br.
in-8° de 11 p. et 2 pl.

Extrait des *Annales des sciences naturelles*, 1844.

574 Observations sur les tétraspores des algues ; par MM.
Crouan frères. — Br. in-8° de 4 p. et 1 pl.

Extrait des *Annales des sciences naturelles*, 1844.

575 Phycologie ou considérations générales sur l'organographie, la physiologie et la classification des algues,
par *C*. Montagne. *Paris*, 1847. — Br. in-8° de 46 p.

Extrait du *Dictionnaire universel d'histoire naturelle*.

576 Etudes sur l'organisation, la fructification et la classification du *Fucus wigghii* de Turner et de Smith, et
de l'*Atractophora hyponoides ;* par Crouan frères. —
Br. in-8° avec 2 pl.

Extrait des *Annales des sciences naturelles*, 1849.

577 Note sur la fécondation des Fucacées, par *Gust*. Thuret.
Cherbourg, Lecauf, 1853. — Br. in-8° de 9 p.

578 Recherches sur la fécondation des fucacées, suivies
d'observations sur les anthéries des algues, par
G. Thuret. *Paris*, Masson, 1855. — Br. in-8° avec
planches.

579 Réflexions de M. Montagne sur quelques modes de
reproduction des algues, à l'occasion de deux bro-
chures de M. Pringsheim, botaniste de Berlin, et
surtout de la dernière ayant pour titre : « Recherches

sur la fécondation et la génération alternante des
algues ». — Br. in-4º de 4 p.

Extrait des *Comptes-rendus des séances de l'Académie des sciences*, T. XLIII, 1856.

580 Deuxième note sur la fécondation des Fucacées, par
G. Thuret. *Cherbourg*, Bedelfontaine, 1857. — Br.
in-8º de 16 p. et 1 pl.

581 Les zoospores et les anthérozoïdes des algues; histoire
de la découverte du mouvement et des fonctions physiologiques de ces organes; par G. Lespinasse. *Bordeaux*, Gounouilhou, 1861. — Br. in-8º de 20 p.

582 Du genre xiphophora, et, à son occasion, recherches
sur cette question : Trouve-t-on dans les Fucacées les
modes de propagation qu'on observe chez les Floridées ? par C. Montagne, D. M. — Br. in-8º de 7 p.

Extrait des *Annales des sciences naturelles*.

583 Troisième mémoire sur le groupe des Céramiées, soit
sur le mode de leur propagation, par J.-E. Duby. —
2 planches.

(Pour les deux premiers mémoires, consultez les *Mélanges de botanique*.)

584 Historia fvcorvm avctore *Samvel Gottlieb* Gmelin, med.
doct. *Petropoli*, 1768. — 1 vol. in-4º.

585 Icones fvcorvm cum characteribvs systematicis, synonymis avctorvm et descriptionbvs novarvm speciervm.
Abbildungen der Tange mit beygefügten systematis-
chen Kennzeichen, Anführungen der Schriftsteller,
und Beschreibungen der neuen Gattungen, herausgegeben von *Eugenius Johann Cristoph* Esper. *Nürnberg*,

Raspe, 1797. — 2 vol. in-4° avec planches et une table générale manuscrite pour les deux volumes, faite par M. DESMAZIÈRES.

586 Histoire des conferves d'eau douce, contenant leurs dif-férens mode de reproduction, et la description de leurs principales espèces, suivie de l'histoire des trémelles et des ulves d'eau douce; par *Jean-Pierre* VAUCHER, ministre du St-Evangile à Genève, etc. *Genève*, Pas-choud, 1803. — 1 vol. in-4°.

587 Essai sur les genres de la famille des thalassiophytes non articulées, présenté à l'Institut, dans la séance du 3 février 1812; par *J.-V.-F.* LAMOUROUX, D. E. S., professeur d'histoire naturelle à l'Académie de Caen, etc. *Paris*, Dufour, 1813. — 1 vol. in-4°, fig., table manuscrite.

588 Systema algarum, adumbravit *C.-A.* AGARDH, bot. et occ., pr. prof. reg., etc. *Lundæ*, literis Berlingianis, 1824. — 1 vol. in-12. Avec un *Index generum et specierum* manuscrit, par M. DESMAZIÈRES.

589 *C.-A.* AGARDH, professoris Lundensis, ex ordine eques-tri Stellæ polar, etc. Species algarum rite cognitæ cum synonymis, differentiis specificis, et descriptionibus succinctis. *Gryphiæ*, 1828. — T. II, in-8°.

590 Aperçu d'histoire-naturelle, et observations sur les limites qui séparent le règne végétal du règne animal; par *Benj.* GAILLON. *Boulogne*, Le Roy-Mabille, 1833. — Br. in-8°, 35 p.

590 bis. *Le même.*

591 A history of the british freshwater algæ, including descriptions of the Desmideæ and Diatomaceæ. With
upwards of one hundred plates illustrating the various
species. By *Arthur* HILL HASSALL. *London,* 1845. —
2 vol in-8°; Ier vol., texte; IIe planches.

592 Species, genera et ordines algarum seu descriptiones
succinctæ specierum, generum et ordinum, quibus
algarum regnum constituitur. Auctore *Jacobo-Georgio*
AGARDH, E. O. botanices in Academia Lundensi professore. *Lundæ,* Gleerup, 1848. — 2 vol. in-8°.

593 Species algarum. Auctore *Friderico-Traug.* KUTZING.
N°s 1-922. *Lipsiæ,* Brockhaus, 1849. — 1 vol. rel.
en 2, in-8°, avec des notes manuscrites sur papier
blanc intercalé.

594 Notice sur les algues, par BORY DE ST-VINCENT.—1 vol.
in-32; atlas in-8°; ensemble 2 vol.

Extrait du 1er volume du *Dictionnaire classique d'histoire naturelle.*

595 Mémoire sur l'*Ulva granulata* de Linné, Species plantarum, édit. III p. 1633 ; par M. DESMAZIÈRES. — Br.
in-8° de 29 p. et 1 pl.

Extrait des *Annales des sciences naturelles,* 1831.

596 Di alcune alghe microscopiche, saggio del D^{re} *B.* BIA-
SOLETTO, con 29 tavole incise in pietra, *Trieste,* Weis,
1832. — 1 vol. in-8°.

597 Considérations succinctes sur la tribu des Laminariées,
de la sous-famille des Fucacées, et caractères sur les-
quels est établi le nouveau genre Capea, appartenant

à la même tribu, par *C.* MONTAGNE. — Br. in-8º
de 7 p.

Extrait des *Annales des sciences naturelles*, 1840.

598 Monographia nostochinearum italicarum addito speci-
mine de rivulariis, auctore professore *Josepho* MENE-
GHINIO. .Iconibus ab auctore depictis. *Augustæ Tau-
rinorum*, 1842. — 1 vol. in-4º.

599 Note sur la synonymie des Ulva lactuca et latissima,
L., suivie de quelques remarques sur la tribu des
Ulvacées, par M. *Gust.* THURET. — Br. in-8º de 16 p.

Extrait des *Mémoires de la Société des sciences naturelles de Cherbourg*,
T. II, 1854.

600 Note sur un nouveau genre d'algues, de la famille des
Floridées, par M. *Gust.* THURET. *Cherbourg*, Feuardent, 1855. — Br. in-8º de 8 p. et 2 pl.

601 Communication de M. MONTAGNE, relative à une plante
marine de l'Australie constituant un nouveau genre,
que M. Hervey dédie à la mémoire du lieutenant de
vaisseau Bellot, de la marine française. — Br. in-4º
de 4 p.

Extrait des *Comptes-Rendus des séances de l'Académie des sciences*, T. XL, 1855

602 Algarum unicellularium genera nova et minus cognita,
præmissis observationibus de algis unicellularibus in
genere. Auctore *Alexandro* BRAUN. *Lipsiæ*, Engel-
man, 1855. — 1 vol. in-4º, 6 pl.

603 Note sur deux algues nées pendant les expériences de
M. Boussingault, relatives à l'action du salpêtre sur la
végétation; par *C.* MONTAGNE. — Br. in-4º de 9 p.

Extrait des *Comptes-Rendus de l'Académie des sciences*, T. XLII, 1856.

604 Liste des Desmidiéés observées en Basse-Normandie, par *Alphonse* DE BRÉBISSON, membre de plusieurs sociétés savantes, avec 2 pl. lithographiées. *Paris*, Baillière, 1856. — 1 vol. in-8º.

605 Description de deux nouveaux genres d'algues fluviatiles; par *A.* DE BRÉBISSON.— Br. in-8º de 8 p. et 2 pl.

605 bis. *Le même.*

606 Description d'un nouveau genre de Floridées des côtes de France, par *Ed.* BORNET. — Br. in-8º de 5 p. et 2 pl.
Extrait des *Annales des sciences naturelles*, T. XI.

607 Ueber *Byssus flos aquæ* Linn. von *L.-C.* TREVIRANUS. In-8º, 1 pl.

607 bis. Ueber *Byssus flos aquæ* Linn. von *L.-C.* TREVIRANUS. — Br. in-8º.

607 ter. Noch einige Worte über *Byssus flos aquæ* Linn. von *L.-C.* TREVIRANUS. — Br. in-8º de 8 p. et 1 pl.

608 Examen des espèces confondues sous le nom de *Laminaria digitata* auct., suivi de quelques observations sur le genre *Laminaria*, par *Aug.* LE JOLIS. — Br. in-8º de 72 p.

609 Notice sur le genre *Hapalidium*, par MM. CROUAN frères. — In-8º, 2 pl.
Extrait des *Annales des sciences naturelles*, T. XII.

610 Note sur quelques algues marines nouvelles de la rade de Brest, par MM. CROUAN frères, pharmaciens. — in-8º, 1 pl.
Extrait des *Annales des sciences naturelles*, 4e série, T. IX.

611 Die kieselschaligen Bacillarien oder Diatomeen. Bearbeitet von Dr *Friedrich-Traugott* KÜTZING. Mit 30 vom Verfasser gravirten Tafeln. *Nordhausen,* Köhne, 1844. — 1 vol. in-4º.

612 Sulla animalita delle Diatomee e revisione di Diatomee stabiliti dal KÜTZING. Memorio del prof. *G.* MENEGHINI. *Venezia,* Naratovich, 1846. — 1 vol. in-8º.

613 A synopsis of the British Diatomaceæ; with remarks on their structure, functions and distribution; and instructions for collecting and preserving specimens. By the Rev. *William* SMITH, F. L. S. The plates by *Tuffen* WEST. *London,* Smith, 1853. — 2 vol. in-8º.

614 Notes sur quelques Diatomées marines rares ou peu connues du littoral de Cherbourg, par *Alphonse* DE BRÉBISSON. *Cherbourg,* Feuardent, 1854. — Br. in-8º de 20 p. et 1 pl.

615 Gross britanicus Conferven. Nach DILLWYN für deutsche Botaniker bearbeitet von Dr *Fried.* WEBER und *D. M. M.* MOHR. Erstes Heft mit sechs Kupferplatten. *Göttingen,* H. Dieterich, 1803. — 1 vol. in-8º.

616 British Confervæ. — 1 vol. in-4º, planches.

Cet ouvrage a paru par fascicules, comme il est facile de le voir par la diversité des dates qui sont au bas des planches. Les premières sont de 1802, tandis que les dernières ont été publiées en 1809. L'introduction et le synopsis qui se trouvent à la fin du volume sont le complément et le commencement du recueil, quoique publiés en dernier. Le premier propriétaire de cet exemplaire aurait peut-être mieux fait de les faire relier au commencement, alors l'ouvrage porterait un titre convenable. *(Note de M. Desmazières.)*

617 Fuci, sive plantarum fucorum generi, a botanicis ad-

scriptarum, icones, descriptiones et historia. Auctore
DAWSON TURNER, M. A. — Fuci; or colored figures
and descriptions of the plates referred by botanists
to the genus fucus. *Londini*, J. M. Creery, 1808. —
4 vol. in-fol.

618 Nereis Britannica, continens species omnes fucorum in
insulis Britannicis crescentium iconibus illustratas.
Auctore *Johanne* STACKHOUSE. *Oxonii*, Collingwood,
1816. — 1 vol. in-4°.

619 Tentamen hydrophytologiæ Danicæ continens omnia
hydrophyta cryptogama Daniæ, Holsatiæ, Færoæ,
Islandiæ, Grœnlandiæ huc usque cognita, systematice
cognita, descripta et iconibus illustrata, adjectis
simul speciebus Norvegicis. Auctore *Hans. Christiano*
LYNGBYE. Cum tabulis æneis LXX. *Hafniæ*, 1819.
— 1 vol. in-4°.

620 Algues de la Normandie, recueillies et publiées, la partie
des articulées par M. ROBERGE, membre de plusieurs
sociétés savantes, et la partie des inarticulées, par
J. CHAUVIN, membre de la Société linnéenne de Normandie. Fasc. I-VII. *Caen*, Chalopin, 1826-1831. —
7 vol. in-fol.

621 Icones algarum europæarum. — Représentation d'algues
européennes, suivies de celle des espèces exotiques les
plus remarquables récemment découvertes, publiée
par *C.-A.* AGARDH, professeur à Lund, etc. *Leipsic*,
Voss, 1828. — 4 liv. in-8°.

622 Gleanings of British algæ; being an appendix to the

supplement to English botany. By *M. J.* BERKELEY,
A. M. *London,* Sowerby, 1833. — Br. in-8°, pl.

623 Algues des environs de Falaise, décrites et dessinées
par MM. DE BRÉBISSON et GODEY. *Falaise,* Brée, 1835.
— 1 vol. in-8° avec planches.

Dans le même volume :

1. Synopsis Diatomearum oder Versuch einer syste-
matischen Zusammenstellung der Diatomeen, von
F.-Traugott KÜTZING. *Halle,* Schwetschke, 1834. —
7 pl. et une table manuscrite.

2. Considérations sur les Diatomées et essai d'une classification des genres et des espèces appartenant à
cette famille, par *A.* DE BRÉBISSON. *Falaise,* Brée, 1838.

3. Synopsis Desmidiearum hucusque cognitarum auctore *J.* MANEGHINI. *Halæ ad Salam,* Gebauer, 1840.

4. Des collections d'hydrophytes et de leur préparation,
par *J.* CHAUVIN. (Les pages 1 à 15 manquent.)

624 Sopra le alghe del mare Adriatico littera seconda di
Giovanni ZANARDINI. *Milano,* Bernardoni, 1840. —
Br. in-8° de 36 p.

625 A manual of the British algæ : containing generic and
specific descriptions of all the known British species
of sea-weeds, and of confervæ, both marine and
fresh-water. By the hon. *William-Henry* HARVEY.
London, John van Voorst, 1841. — 1 vol. in-8°.

626 Prodromus generum specierumque phycearum novarum,
in itinere ad polum antarcticum, regis Ludovici Phi-

lippi jussu, ab illustri Dumont d'Urville peracto, collectarum, notis diagnosticis tantum huc evulgatarum,
descriptionibus vero fusioribus necnon iconibus analyticis jamjamque illustrandarum. Auctore *C.* MON-
TAGNE. *Parisiis*, Gide, 1842. — Br. in-8° de 16 p.

627 Algæ maris Mediterranei et Adriatici, observationes in
diagnosin specierum et dispositionem generum. Auctore *Jacobo-G.* AGARDH. *Parisiis*, Masson, 1842. —
1 vol. in-8°.

628 Alghe Italiane et Dalmatiche illustrate dal Prof. *G.*
MENEGHINI. *Padova,* Angelo Sicca, 1842. — 3 fasc.
in-8°. Planches.

629 Die Algen Deutschlands von *Friedrich-Adolph* ROEMER ,
mit XI lithographirten Tafeln. *Hanover*, Hahn 1845.
— 1 vol. in-4°.

630 Phycologia germanica, d. i. Deutschlands Algen in
bündigen Beschreibungen; *von Friedrich-Traugott*
KÜTZING, Doctor der Philosophie, etc. *Nordhausen*,
Kohne, 1845. — 1 vol. in-8°.

631 The British Desmidieæ , by *John* RALFS, M. R. C. S.
The drawings by *Edward* JENNER, A. L. S. *London*,
Benham, 1848. — 1 vol. in-8°. Planches.

632 Phycologia brittannica : a history of British sea-weeds
containing coloured figures, generic and specific characters, synonymes, and descriptions of all the species of algæ inhabiting the shores of the British
Islands. By *William-Henry* HARVEY, M. D. *London*,

Reeve, 1846-1851.— 60 liv. in-8° formant 3 vol. avec planches.

633 Pugillus algarum Jemensium, quas collegerunt annis 1847–1849, Clarr. Arnaud et Vaysière, et descripsit *C.* MONTAGNE. — Br. in-8° de 13 p.

Extrait des *Annales des sciences naturelles,* 1850.

634 Algues marines du Finistère, recueillies et publiées par CROUAN frères, pharmaciens à Brest. *Brest,* Crouan, 1852. — 3 vol. in-8°.

635 Die Algen der Dalmatischen Kütse mit Hinzufügung der von KÜTZING im Adriatischen Meere überhaupt aufgeführten Arten von *Georg* FRAUENFELD. Mit Darstellung eines Theils derselben in Naturselbstdruck. *Wien,* Kaiserl. staatsdruckerei, 1855. — 1 vol. in-8°.

636 Alphabetisches Verzeichniss der Gattungen und Arten welche bis jetzt in Rabenhorst's Algen und Bacillarien Sachsens resp. Mitteleuropa's ausgegeben sind. *Dresden,* Heinrich, 1856. — Br. in-8° de 17 p.

637 Essai sur les plantes marines des côtes du golfe de Gascogne, et particulièrement sur celles du département de la Charente-Inférieure. Par *C.* D'ORBIGNY. — Br. in-8° de 40 p. et 3 pl.

638 Florula Gorgonea seu enumeratio plantarum cellularium quas in promontorio Viridi (cap Vert) insulisque adjacentibus a diversis botanicis et imprimis *Cl.* BOLLE, Berolinensi, hucusque collectas, recognovit descripsit que *C.* MONTAGNE. — Br. in-8° de 16 p.

Extrait des *Annales des sciences naturelles,* 4° série, T. XIV.

639 Instruction sur la récolte, l'étude et la préparation des
algues, par *Ed.* BORNET. *Cherbourg*, Feuardent, 1856.
— Br. in-8° de 36 p.

640 Tabulæ phycologicæ, oder Abbildungen der Tange,
Herausgegeben von *Friedrich Traugott* KÜTZING,
Doctor der Philosophie, Professor der Naturwissens-
chaften zu Nordhausen, etc. *Nordhausen*, 1846-1861.
— 11 vol. in-8°.

641 Die Algen Sachsens, respective Mittel-Europa's. Neue
Ausgabe. Unter Mitwirkung der Herren ARDISSONE
AUERSWALD, etc., gesammelt und herausgegeben von
Dr *L.* RABENHORST. Decade I-LXXXIV. *Dresden*, 1849-
1859. — 34 cahiers in-8°.

642 Nouvelles observations sur la matière colorante de la
neige rouge, par *R.-L.* SHATTLEWORTH. (Communiqué
par l'auteur.) — In-8°, 1 pl

Tiré de la *Bibliothèque universelle de Genève*, 1840.

643 Mémoire sur le phénomène de la coloration des eaux de
la mer Rouge, par M. *C.* MONTAGNE, D. M. — Br.
in-8°. Planches.

Extrait des *Annales des sciences naturelles*, décembre 1844.

644 Mémoire sur le phénomène de la coloration des eaux
de la mer Rouge, par M. MONTAGNE. — In-4°.

Extrait des *Comptes-Rendus des séances de l'Académie des sciences*, T. XIX, 1844.

645 Note sur un nouveau fait de coloration des eaux de la
mer Rouge par une algue microscopique; par *C.*
MONTAGNE. — Br. in-8° de 8 p.

Extrait des *Annales des sciences naturelles*, novembre 1846.

646 De la matière organique des eaux minérales de Vichy, sa nature, son existence à l'état de végétation et à l'état latent dans ces eaux ; sa volatilité et sa présence dans leurs vapeurs ; importance présumée dans son rôle ; par le Dr *Chr.* PETIT, médecin-inspecteur des eaux de Vichy. *Paris*, Baillière, 1855. — Br. in-8° de 31 p.

647 Résumé succinct des observations faites jusqu'ici sur la rubéfaction des eaux, mémoire lu à la Société de biologie, par *C.* MONTAGNE. — Br. in-8° de 10 p.

648 Conspectus algologiæ Euganeæ, Germanicis naturalium rerum scrutatoribis, Pragæ anno 1837 convenientibus, oblatus a *J.* MENEGHINI. *Patavii*, 1837. — Br. in-8° de 37 p.

649 Littera del professore *Giuseppe* MENEGHINI al dottore Jacob Corinaldi (novembre 1840). — Br. in-8° de 4 p.

650 *Stephani Ladislai* ENDLICHER Mantissa botanica altera, sistens generum plantarum supplementum tertium. *Vindobonæ*, Beck, 1843. — 1 vol. in-8°.

La première partie de ce volume contient une liste des auteurs qui ont écrit sur les algues et le titre de leurs ouvrages.

651 et dernier. Quelques remarques sur la nomenclature générique des algues, par M. *A.* LE JOLIS. — Br. in-8° de 20 p.

TABLE ALPHABÉTIQUE

des

NOMS DES AUTEURS, TRADUCTEURS, COMMENTATEURS

ET ÉDITEURS

qui se trouvent cités sur les titres des ouvrages repris dans le volume
du Catalogue des livres légués à la Bibliothèque de Lille
par M. *J.-B.-H.-J.* DESMAZIÈRES.

A

ACHARIUS (*E.*), 135, 436, 437.
ADANSON, 112.
AGARDH (*C.-A.*), 589, 592, 621, 627.
ALBERTINI (*J.-B.* DE), 535.
ANCELIN, 244.

ARAGO, 62.
ARDISSONE, 641.
AUBRIET (*Cl.*), 147.
AUDOUIN, 61, 62, 63.
AUERSWALD, 641.

B

BALSAMUS (*J.*), 411.
BARRELIER (le R. P. *J.*), 145.
BATSCH (*A.-J.-G.-C.*), 531.
BATTARA (*A.-J.-A.*), 530.
BAUCHINUS (*Casp.*), 102, 227.
BAUHINUS (*Jos.*), 95.
BAZIN, 62.
BEAUVAIS (DE) ; *voyez* PALISSOT.
BECQUEREL, 62.
BELLYNCK (*A.*), 193.
BERKELEY (*M.-J.*), 16, 136, 478, 514,
522, 523, 527, 546, 552 *bis*, 558, 569.
BERTHOLLET, 4.
BERTOLINUS (*Ant.*), 135.
BIASOLETTO (*B.*), 136, 596.

BIBRON, 62.
BLACKWELL (*Elis*), 229.
BLANCHARD, 62.
BOERHAAVE (*H.*), 110.
BOLLE (*Cl.*), 638.
BOLTON (*J.*), 532.
BONIFACE, 559.
BONNEMAISON (*Th.*), 134.
BOREAU (*A.*), 282.
BORNET (*Ed.*), 359, 434, 448, 476, 606,
639.
BORY DE SAINT-VINCENT, 14, 77, 132,
133, 294, 306, 423, 424, 594.
BOURDON (*Isid.*), 61.
BRAUN (*A.*), 391, 602.

C

D

J

K

L

M

N

TABLE

des

ANONYMES ET DES PSEUDONYMES.

A

B

C

D

F

H

I

L

LETTRE sur la maladie des cerises, 567.

M

MALADIE des pommes de terre, 351.

MANUEL d'herborisation en Suisse, 206.

MÉMOIRES de la Société royale d'Abbeville, 1830, 36.

MÉMOIRES de la Société d'Arras, 32.

MÉMOIRES de la Société académique des
sciences de Falaise, 44.

MÉMOIRES de la Société d'agriculture....
de Douai, 31.

MÉMOIRES de la Société impériale des
sciences, etc ... de Lille, 19.

N

NOTICES agricoles, 235.

P

PRÉCIS analytique des travaux de l'Académie royale des sciences.... de
Rouen, 41.

PROCÈS-VERBAL de la séance publique
de la Société d'agriculture.... de
Boulogne-sur-Mer 1833 et 1834, 33.

R

RAPPORT au Conseil d'administration de
la Société d'encouragement.... 30.

RECHERCHES organogéniques sur la fleur
femelle des conifères, 275.

RÈGLEMENT de la Société d'agriculture
et de botanique de Gand, 47.

S

SÉANCES.... de la Société d'amateurs des
sciences et arts.... de Lille, 17, 18.

SÉANCE de la Société d'émulation de
Rouen...., 42.

SOCIÉTÉ royale d'Abbeville, 38.

SOCIÉTÉ d'agriculture de Tournai, 48.

SOCIÉTÉ archéologique de l'arrondissement de Dieppe, 43.

SOCIÉTÉ Linnéenne du Nord de la France,
37.

STATUTS de la Société royale d'émulation d'Abbeville 1830, 35.

SYSTEM der Garten-Nelke, 259.

T

TRAITE des œillets, 252.

U

UTILITÉ et réhabilitation du moineau, 69.

V

VÉGÉTATION des plantes, 87.

Lille, imp. de Lefebvre-Ducrocq

www.ingramcontent.com/pod-product-compliance
Lightning Source LLC
Chambersburg PA
CBHW072058090426
42739CB00012B/2806